D1923038

Anna Elisabeth Albrecht
Susanne Rebscher

ABENTEUER WELTERBE

Entdecke besondere Orte in Deutschland

Illustriert von Anne Ibelings

magellan

Vorwort der Autorinnen

Liebe Leserin, lieber Leser,

Du bist neugierig und abenteuerlustig? Reist gern an andere Orte oder in vergangene Zeiten? Dann hast du genau das richtige Buch aufgeschlagen! Wir nehmen dich mit auf eine ganz besondere Entdeckungsreise: Dabei geht es kreuz und quer durch Deutschland – von Nord nach Ost, nach West und Süd, von der Urzeit bis in die Gegenwart. Zusammen machen wir uns auf die Suche nach den Stätten, die zum deutschen Welterbe zählen. Wo diese Orte liegen, siehst du auf der Karte, wenn du umblätterst.

Aber einen Moment mal! Weißt du eigentlich, was Welterbestätten sind? Das sind Bauwerke und Landschaften auf der ganzen Welt, die eines gemeinsam haben: Sie sind einzigartig in ihrer Bedeutung für die Geschichte der Menschen! Deshalb müssen wir sie bewahren und beschützen – als unser gemeinsames Welterbe.

Das ist natürlich eine sehr große Aufgabe. Deshalb kümmert sich darum auch eine große Organisation. Vielleicht hast du schon mal etwas von der UNESCO gehört? Sie regelt die Sache mit dem Welterbe. Wie das genau abläuft, wer dabei hilft und was du selbst beitragen kannst, das erklärt dir Maria Böhmer im Grußwort nebenan. Sie kennt sich damit sehr gut aus, denn sie ist die Präsidentin der Deutschen UNESCO-Kommission.

Begeben wir uns nun auf unsere Abenteuerreise, denn wir haben viel vor. Schließlich hat Deutschland inzwischen 46 Welterbestätten – und es kommen immer wieder neue dazu. Die Schauplätze unseres Abenteuers sind bunt: Landschaften und Gärten, Meere und Wälder, Schlösser und Parks, Höhlen und Gruben, Klöster und Städte, Industrie- und Wohnbauten. In unserem Welterbe triffst du auf eine abwechslungsreiche Tier- und Pflanzenwelt sowie auf die Spuren besonderer Menschen, die es formten, bebauten und bewohnten: pfiffige Kaufleute und große Unternehmer, geistreiche Dichter und kluge Denker, fleißige Mönche und mächtige Herrscher, großartige Künstler.

Welterbestätten verknüpfen Geschichte mit Gegenwart. Deshalb haben wir auch einen Blick hinter die Kulissen geworfen und mit Experten gesprochen. Wie es sich in einem Welterbe lebt, womit sich ein Dombaumeister beschäftigt, was ein Dendrochronologe erforscht und welche Gefahren unser Welterbe bedrohen, erfährst du auf diesen Seiten. Und wie es in Zukunft weitergeht mit unserem Welterbe – das bestimmst du! Vielleicht als Junior Ranger im Weltnaturerbe oder während eines Freiwilligen Sozialen Jahres in der Dombauhütte, wenn du 16 Jahre alt bist? Oder vielleicht mit deiner ganzen Schule und der Deutschen Stiftung Denkmalschutz beim Programm „Denkmal aktiv!“? Du siehst, es gibt viele Möglichkeiten für dich, mit Spaß und Erfolg dein Welterbe zu schützen!

Wir wünschen dir viel Freude mit unserem Buch!

Anna Elisabeth Albrecht

Susanne Rebscher

Grußwort der Deutschen UNESCO-Kommission

Liebe Kinder,

habt Ihr schon einmal eine UNESCO-Welterbestätte besucht? In Deutschland oder bei einer Ferienreise im Ausland? Welterbestätten sind ganz besondere Orte und Bauwerke, wie die Pyramiden in Ägypten, die Lagune von Venedig oder der Eiffelturm in Paris. Auch Landschaften, wie das Wattenmeer an der Nordsee oder der Grand Canyon in den USA, gehören dazu. All diese wunderschönen Orte sollen erhalten und sozusagen „vererbt“ werden, damit sich Menschen auf der ganzen Welt noch lange an ihnen erfreuen können. Deshalb ist es wichtig, sie zu schützen.

Die Welterbestätten für die Zukunft zu bewahren, ist Aufgabe der UNESCO. Das Wort UNESCO steht für Organisation der Vereinten Nationen für Erziehung, Wissenschaft und Kultur. Sie kümmert sich um Bildung und Kultur auf der ganzen Welt. Die Namen der Bauwerke und Landschaften, die geschützt werden sollen, werden auf einer Liste eingetragen. Man nennt diese Liste auch „UNESCO-Welterbeliste“.

Mit dem Welterbe auf dieser Liste dürfen die Menschen nicht einfach machen, was sie möchten. Einige Bauwerke sind sehr alt und brauchen viel Pflege. Andere Orte und Landschaften sind durch den Klimawandel oder durch Naturkatastrophen, wie Erdbeben und Überflutungen, bedroht. Deshalb haben wir alle gemeinsam die Aufgabe, uns darum zu kümmern und die einzigartigen Gebäude und Landschaften zu erhalten.

Wusstet Ihr, dass es in Deutschland 46 einmalige UNESCO-Welterbestätten gibt? Manche von ihnen, wie den Kölner Dom, Schloss Sanssouci in Potsdam, die Wartburg oder das Wattenmeer, habt Ihr vielleicht schon kennengelernt? Möglicherweise lebt Ihr sogar in einer Welterbestadt? Denn auch ganze Orte, wie die Altstädte von Bamberg, Goslar, Lübeck, Weimar, Stralsund und Wismar, gehören dazu.

Was all die 46 Welterbestätten in Deutschland so besonders macht, erfahrt Ihr auf den nächsten Seiten. Ihr seid eingeladen zu einer Entdeckungsreise quer durch Deutschland, die neugierig machen soll. Vielleicht bekommt Ihr sogar Lust dazu, Euch noch besser über eine Welterbestätte zu informieren? Oder Ihr engagiert Euch später selbst einmal für den Schutz dieser außergewöhnlichen Orte. Alles, was Ihr in diesem Buch spannend findet, könnt Ihr weitererzählen: in Eurer Familie, unter Euren Freunden oder in der Schule. Denn je mehr Menschen gemeinsam auf die Bauwerke und Landschaften aufpassen, desto besser. Das ist wie eine Kettenreaktion, die Ihr jetzt starten könnt. Ihr seht: Die Zukunft der Welterbestätten liegt in Eurer Hand!

Ich wünsche Euch eine spannende Lesereise durch die UNESCO-Welterbestätten in Deutschland!

Deutsche UNESCO-Kommission

Organisation der Vereinten Nationen für Bildung, Wissenschaft und Kultur

Maria Böhmer
Präsidentin der Deutschen UNESCO-Kommission

Inhaltsverzeichnis

*Zum Zeitpunkt des Erscheinens unseres Buches war nur der Obergermanisch-Raetische Limes Welterbe.

Auf dieser Deutschlandkarte entdeckst du alle Orte, an denen sich die Welterbestätten befinden, und du erfährst auch, wann die UNESCO sie zum Welterbe erklärt hat.

Eine Reise in die Welt der Wikinger

Die Siedlung Haithabu und die Verteidigungsanlage Danewerk erinnern nicht nur an die Wikingerzeit in Deutschland, sondern erzählen auch von einem spannenden Austausch zwischen Menschen verschiedener Kulturen damals im Norden Europas. Im frühen Mittelalter entstand auf dem schmalen Landstück zwischen Ost- und Nordsee ein bedeutender Handelsplatz. Genauer gesagt, lag dieser am Haddebyer Noor, einem Binnensee in Schleswig-Holstein. Das Noor besitzt einen Zugang zur Schlei, einem Meeresarm der Ostsee. Haithabu entwickelte sich zu einem wichtigen Umschlaghafen: Hier kreuzten sich Handelswege, die von Ost nach West und vom tiefen Süden in den hohen Norden über Wasser und über Land verliefen. Das Danewerk – eine Verteidigungsanlage aus Wällen, Ziegelmauern, Gräben, Feuchtgebieten, einer Burg und einem Seesperrwerk – verlief nahe Haithabu über die Landenge Richtung Nordsee und schützte die Siedlung sowie das Land nördlich von ihr vor Einfällen möglicher Feinde aus dem Süden. Es gab nur ein Durchgangstor, das machte diese Grenze, was den Landweg betraf, gut kontrollierbar. Der bis zu fünf Meter hohe Hauptwall des Danewerks ist noch gut erhalten. Heute ist das Danewerk das größte archäologische, unter dem Boden verborgene Denkmal Nordeuropas und ein dänisches Nationaldenkmal.

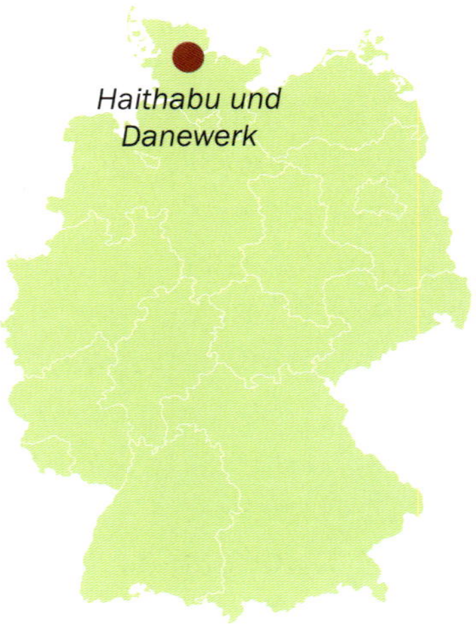

Erik-Stein

Falls du einmal Runen – so heißen die Schriftzeichen der alten Germanen – entziffern lernst, dann liest du auf diesem Stein, dass ihn ein Mann namens Thorulf aus Haithabu seinem Freund Erik zum Gedenken aufgestellt hat.

Stell dir vor: Bei den Ausgrabungen wurden sogar noch Essensabfälle aus der Zeit der Wikinger gefunden! Sie verraten, was bei den Wikingern auf den Teller kam: unter anderem ein Brei aus Gerste sowie Haselnüsse, Holunderbeeren, Äpfel, Pflaumen, Walderdbeeren, Bohnen und Fisch. Fleisch wurde anscheinend eher selten zubereitet.

Die Siedlung Haithabu selbst wurde zum Landesinneren hin zusätzlich von einem halbkreisförmigen Wall geschützt, in dessen Inneren Archäologen mehrere Friedhöfe und Reste von Häusern fanden. Der Anzahl der Häuser nach lebten in Haithabu erstaunlich viele Menschen. Vermutlich war es die erste „Stadt“ in ganz Nordeuropa. Die gefundenen Gräber stammen aus einer Zeit von um 800 bis ins 11. Jahrhundert hinein. Die Dendrochronologen konnten für die ältesten Häuser im Zentrum ein Holzstück auf das Jahr 787 datieren. Außerhalb des Walls wurden ebenfalls Gräber entdeckt. Einzelne der gefundenen Gräber enthielten sehr wertvolle Beigaben wie Schmuck und – was sonst selten vorkommt – sogar Schwerter.

Doch nicht nur Grabfunde erzählen von den damaligen Bewohnern Haithabus, sondern auch mehrere Steine mit Runen-Inschriften, wie der große und der kleine Sigtrygg-Stein oder der Erik-Stein. Die Inschriften der Sigtrygg-Steine verraten, dass sich um das Jahr 900 ein schwedischer König mit Namen Sigtrygg in Haithabu niederließ und von dort aus über ein kleines Wikingerreich herrschte. Der Erik-Stein erzählt von einem Krieger Haithabus, der um das Jahr 1000 im Kampf gefallen ist.

Von Anfang an war Haithabu ein bekannter Handelsplatz. Hier trafen sich nicht nur Händer aus der den Bewohnern damals bekannten Welt, sondern später sogar welche aus arabischen Ländern! Die typischen Handelsgüter der Wikingerzeit waren Sklaven, Pelze, Tuche, Wein, Kunstgegenstände und Salz. Salz war damals sehr kostbar, weil man damit schnell verderbliche Lebensmittel wie Fisch und Fleisch länger haltbar machen konnte. Viele Bewohner Haithabus waren Kaufleute, doch genauso groß war die Anzahl der Handwerker. Grabungsfunde belegen, dass hier eine Zeit lang das Töpferhandwerk blühte, und es gibt auch Nachweise über ein reges Metallgewerbe: sowohl für die Eisenverarbeitung als auch für das Schmiedehandwerk. Ebenso stark vertreten waren Handwerker, die aus Knochen und Geweihen Kämme, Messergriffe, Haarnadeln und Würfel schnitzten, sowie die Weber, die Stoffe herstellten. Bezahlt wurde die hergestellte und gehandelte Ware auf verschiedene Weise: mit Münzen, welche die Kaufleute aus dem Süden und aus Angelsachsen mitbrachten, mit zerkleinerten Gegenständen aus Silber, die entsprechend abgewogen wurden – sogenanntes Hacksilber –, und manche Kaufleute und Handwerker tauschten auch einfach eine Ware gegen eine andere.

Der Warentransport lief über die Ostsee und über Land. Übers Land zogen von Süden kommend Ochsen schwere Karren mit kostbarer Ladung Richtung Haithabu. Aber auch die Kaufleute, die über die Nordsee mit dem Schiff fuhren und nach Haithabu wollten, ohne ganz Dänemark zu umrunden, mussten ein Stück Landweg überwinden. Die Schiffe der Kaufleute, die ihre Waren über die Ostsee transportierten, waren leicht und mit wenig Tiefgang gebaut. Sie konnten deswegen sehr gut am Haithabuer Landungssteg festmachen. Schiffe mit mehr Tiefgang ankerten ein Stück vor dem Hafen, ihre Ware wurde mit kleinen Ruderbooten an Land gebracht. Das klappte sehr gut, denn das Ufer des Haddebyer Noors stieg flach an und der Untergrund war fest.

Haithabu wurde durch eine Schlacht zwischen dem dänischen König Sweyn II. und dem norwegischen König Harald Hadrada im Jahr 1050 schwer zerstört. 16 Jahre später überfielen Westslawen, die östlich von Kiel lebten, die Siedlung. Sie plünderten und brannten alles nieder, das bedeutete das Ende Haithabus. Die überlebenden Einwohner verließen die Siedlung und suchten sich dort eine neue Heimat, wo heute Schleswig liegt.

Die Häuser Haithabus, von denen du heute ein paar Nachbauten besichtigen kannst, waren aus Holz und Flechtwerk gebaut und mit Lehm verputzt. Das Dach war mit Reet, also Schilfrohr, gedeckt. In der Mitte des Raums befand sich die Herdstelle.

Da staunst du sicher: Im Boden des Haddebyer Noors und im sogenannten Bootskammergrab außerhalb des Haithabuer Walls wurden Reste zweier Wikingerschiffe gefunden. Bis zu 20 Meter lang waren die Schiffe der Haithabuer Kaufleute wohl gewesen. Sie hatten einen Mast und konnten somit sowohl gesegelt als auch gerudert werden.

Sieben Türme und ein Herz für Marzipan

Eine eng gedrängte Altstadt auf einer Insel, ein weites Meer vor der Haustür – das ist Lübeck. Schon früh hatten die Slawen die günstige Handelslage dieses Standortes für sich entdeckt. Hier war es zwar sumpfig, aber auch geschützt, und über einen Fluss, die Trave, hatte man Zugang zum Meer.

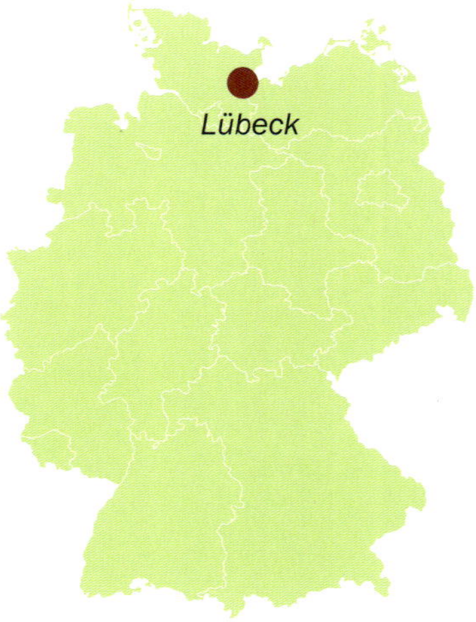

Es war Graf Adolf II. von Schauenburg und Holstein, der hier 1143 Lübeck gründete. Seine Kaufmannssiedlung blühte auf, bis er mit seinem Lehnsherrn Heinrich dem Löwen, Herzog von Sachsen, in Streit geriet. Am Ende übernahm Heinrich Lübeck und baute die Stadt neu auf – samt Hafen an der Untertrave. Hier wurden die Waren zuerst noch über Bohlen durch den Sumpf auf den sandigen Hügel hinaufgetragen; später legte man das Land trocken, und zwischen Trave und Wakenitz wuchs eine Stadt heran. Einheitlich und geordnet, Block um Block. Schließlich gab es alles, was zu einer mittelalterlichen Stadt gehörte: Häuser für Kaufleute und Handwerker, Kirchen, Klöster und ein großes Rathaus am Markt.

Die großen Löcher in der Fassade dienen dazu, den Wind hindurchzulassen.

Hier siehst du die Marktseite des berühmten Lübecker Rathauses. Seit dem 13. Jahrhundert erweiterte man es immer wieder. Hier wurde Luxusware verkauft, Recht gesprochen und natürlich Rat gehalten. Und zweimal im Jahr versammelten sich alle Lübecker Bürger auf dem Rathausplatz, um die neuesten Verordnungen zu hören.

Heinrich der Löwe förderte seine Stadt nach Kräften, und so stieg Lübeck rasch zum zentralen Knotenpunkt des Ostseehandels auf. Hier wurden die Waren vorwiegend „umgeschlagen": edle Pelze und teures Bienenwachs aus dem Nordosten im Tausch gegen flämisches Tuch, Metallwaren und Wein aus dem Südwesten. Reich wurde Lübeck durch seinen Handel mit Salz und Hering, denn der haltbare Salzhering war überall als Fastenspeise gefragt.

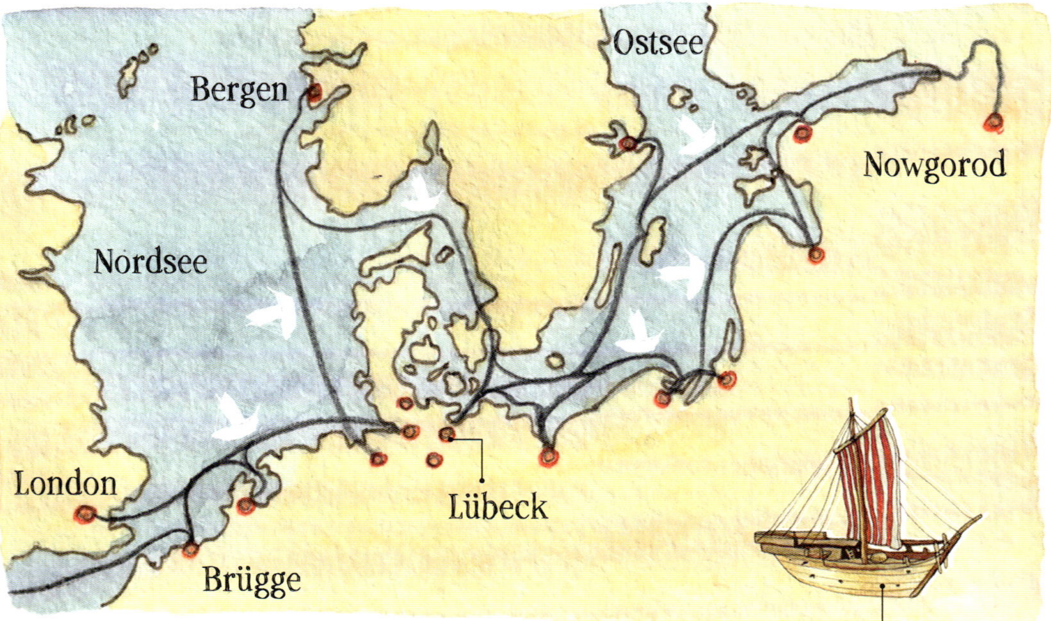

Die Fernhändler waren oft monatelang unterwegs, und überall lauerten Gefahren. Da lag es nahe, sich zusammenzutun. Gemeinsam konnte man sich leichter gegen Überfälle schützen, Kosten einsparen und auf fremden Märkten bessere Preise für die Waren verlangen. Das klappte gut, und so wuchs das berühmte Fernhandelsnetzwerk der Hanse heran: ein lockeres Wirtschaftsbündnis, dem zu Hochzeiten rund 200 Städte in ganz Nordeuropa angehörten. Zum Hansetag trafen sich die Gesandten erstmalig 1356 im Lübecker Rathaus – die reiche Stadt an der Trave hatte sich zur „Königin der Hanse" entwickelt.

In der bauchigen Kogge segelten die Kaufleute ihre Waren über Nord- und Ostsee. Vieles wurde in Fässern transportiert – den „Containern des Mittelalters".

Schon von Weitem erkennst du die Lübecker Stadtsilhouette: Die sieben Kirchtürme schweben wie eine Krone über der Altstadtinsel. Da Straßen und Gassen im Großen und Ganzen noch ihrem ursprünglichen Verlauf entsprechen, würde sich ein Kind des Mittelalters auch heute noch in Lübeck zurechtfinden.

Als die Altstadtinsel „aus allen Nähten platzte“, bebaute man die Innenhöfe mit niedrigen Reihenhäusern. Zu ihnen gelangte man nur durch einen Gang im Vorderhaus. Für diese Gänge ist Lübeck berühmt, 85 von ihnen sind noch erhalten.

Die Buchstaben IGN im kleinen Bild des Lübecker Holstentors findest du auf jeder Verpackung des berühmten Lübecker Marzipans. Warum? Es sind die Anfangsbuchstaben des Firmengründers: I(=J)ohann Georg Niederegger.

Im Laufe der Zeit „versteinerte“ die Stadt aus Holz. Wie es dazu kam, obwohl es vor Ort keinen Naturstein gibt? Man behalf sich mit Lehm. Das tonhaltige Material baute man im Herbst ab und ließ es in einer kühlen, feuchten Grube überwintern, damit es geschmeidig wurde. Im Frühling bereitete man es sorgfältig auf und ließ es wieder eine Weile ruhen. Zum Schluss formte man die Steine mithilfe spezieller Holzkisten und legte sie zum Trocknen aus. Abschließend ging es in den Ofen zum Backen. Die Herstellung dieses Backsteins kostete viel Zeit und Geld, aber der Lübecker Kaufmann war ja auch „steinreich“. Von Lübeck breitete sich die Backsteingotik im gesamten norddeutschen Raum aus.

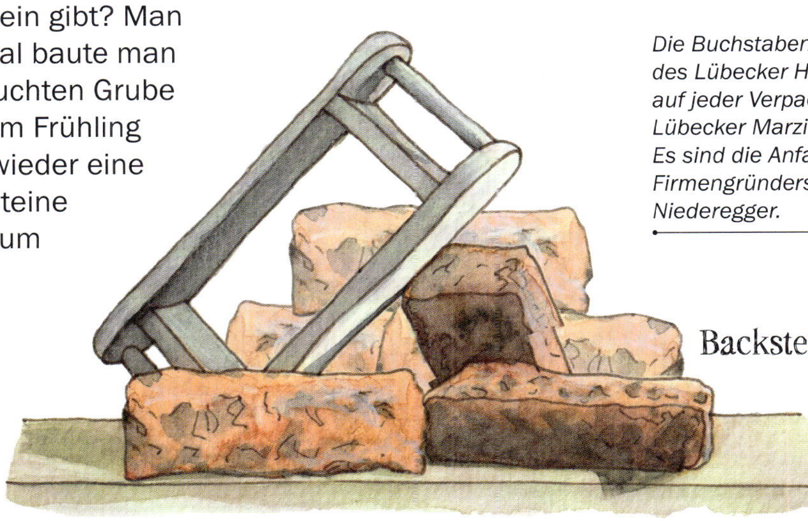

Hier siehst du die Holzkiste zum Formen von Backsteinen.

Ein Meer voller Wunder

Mit seinen 10 000 Jahren ist das Wattenmeer der Nordsee im Vergleich zur Grube Messel oder zum Oberen Mittelrheintal jung. Nach der letzten Eiszeit stieg der Meeresspiegel an und überschwemmte das Festland. Deshalb liegt heutzutage dieser besondere Meeresboden bei Flut unter Wasser und bei Ebbe frei – und zwar nicht nur ein paar Meter, sondern als sehr große Fläche. Das Wattenmeer zieht sich 500 Kilometer an der Nordseeküste entlang und erstreckt sich über ein Gebiet von 11 500 Quadratkilometer sowie über mehrere Länder: von Dänemark über Deutschland bis in die Niederlande hinein. Schon vor der Verleihung des Weltnaturerbe-Titels war es ein großer, grenzübergreifender Nationalpark, in dem unzählige Lebewesen eine Heimat haben. Außerdem ist es die Kinderstube der Schweinswale und vieler Plattfische wie der Scholle. Zu dem geschützten Gebiet gehören außer dem Watt auch Strände, Dünen, Salzwiesen, Küstendeiche, Inseln, Sandbänke und Flussmündungen.

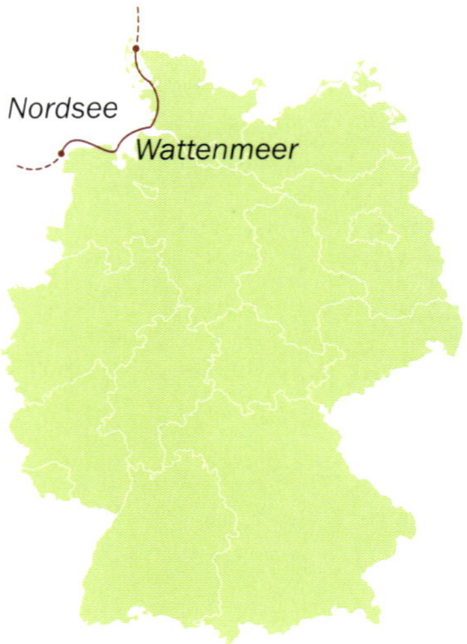

Scholle

Schweinswal

Schweinswale gehören zu den kleinen Zahnwalen, zählen damit zu den kleinsten Walen überhaupt und sind mit den Delfinen verwandt.

Das Wattenmeer und seine Landschaft werden von den Gezeiten, also von Ebbe und Flut, bestimmt und geformt. Aufgrund dieser Gezeiten herrscht auf dem Watt ein „hartes Leben". Der Meeresboden ist während der Ebbe bis zu sechs Stunden frei von Wasser. Nur in Vertiefungen, Priele genannt, bleibt es stehen. Am Rand der Priele und darin halten sich die tierischen Lebewesen auf, bis die Flut wiederkommt. Die Pflanzen, welche auf den Salzwiesen wachsen, die regelmäßig von der Flut überspült werden, müssen vor allem mit dem hohen Salzgehalt im Wasser zurechtkommen.

Die Sandbänke des Wattenmeeres sind die Ruheplätze der Seehunde und Kegelrobben. Du solltest die Tiere nur aus der Ferne beobachten, denn Aufregung vertragen sie nicht.

Bis zu 12 Millionen Zugvögel wie der Knutt machen im Frühjahr und Herbst auf ihrem Weg von Afrika nach Sibirien und zurück im Wattenmeer Rast. Hier fressen sie sich satt für die weitere Reise.

Das ist die „richtige" Krabbe, die in der Nordsee lebt. Wenn du einen leeren Panzer der Strandkrabbe findest – keine Sorge! Sie hat ihn abgestreift, weil er ihr zu klein geworden ist.

Die kleine Nordseegarnele, im Volksmund „fälschlicherweise" Krabbe genannt, tummelt sich bei Ebbe im Priel. In der warmen Jahreszeit kannst du die ganz jungen Garnelen bei Ebbe in den Wattpfützen entdecken. Hier haben sie weniger Feinde und somit eine größere Überlebenschance.

Natürlich leben nicht alle Lebewesen des Watts entweder im Wasser wie die Fische oder auf dem Meeresboden wie die Miesmuschel. Im Boden des Wattenmeeres, der aus Sand und Schlick besteht, wimmelt es nur so von Lebewesen. Bei Ebbe schützen sie sich dort unter anderem vor Trockenheit und Hitze. Auf einem Quadratmeter leben Millionen Kieselalgen, Hunderttausende kleinster Krebse sowie sehr viele Muscheln, Schnecken und Würmer. Auch die Herzmuschel gräbt sich ein. Sie ernährt sich und atmet über ihre Siphonen. Der Wattwurm ist der größte der Würmer im Schlick. Er saugt Sand ein, filtert Nährstoffe heraus und stößt den Sand dann wieder aus. Der ausgestoßene Sand sieht aus wie ein Haufen Würmer.

Ausschnitt Wattboden

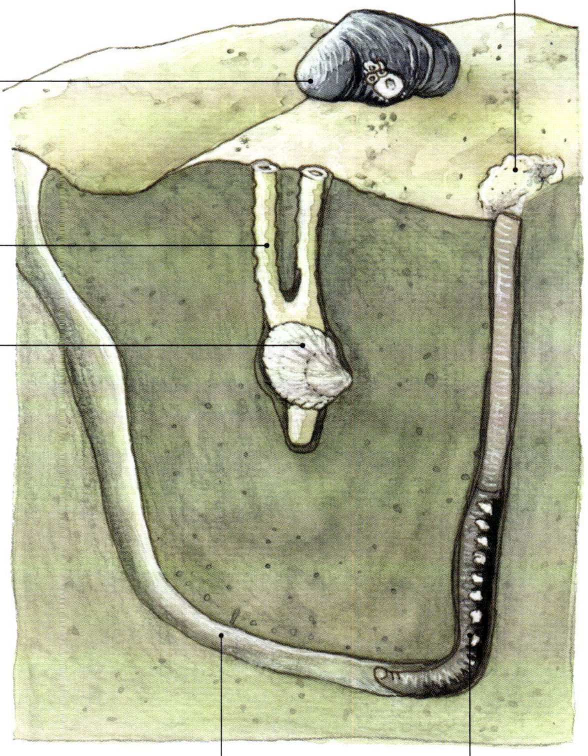

Hättest du das gedacht? Der Boden des Wattenmeeres ist nährstoffhaltiger als der des Regenwaldes!

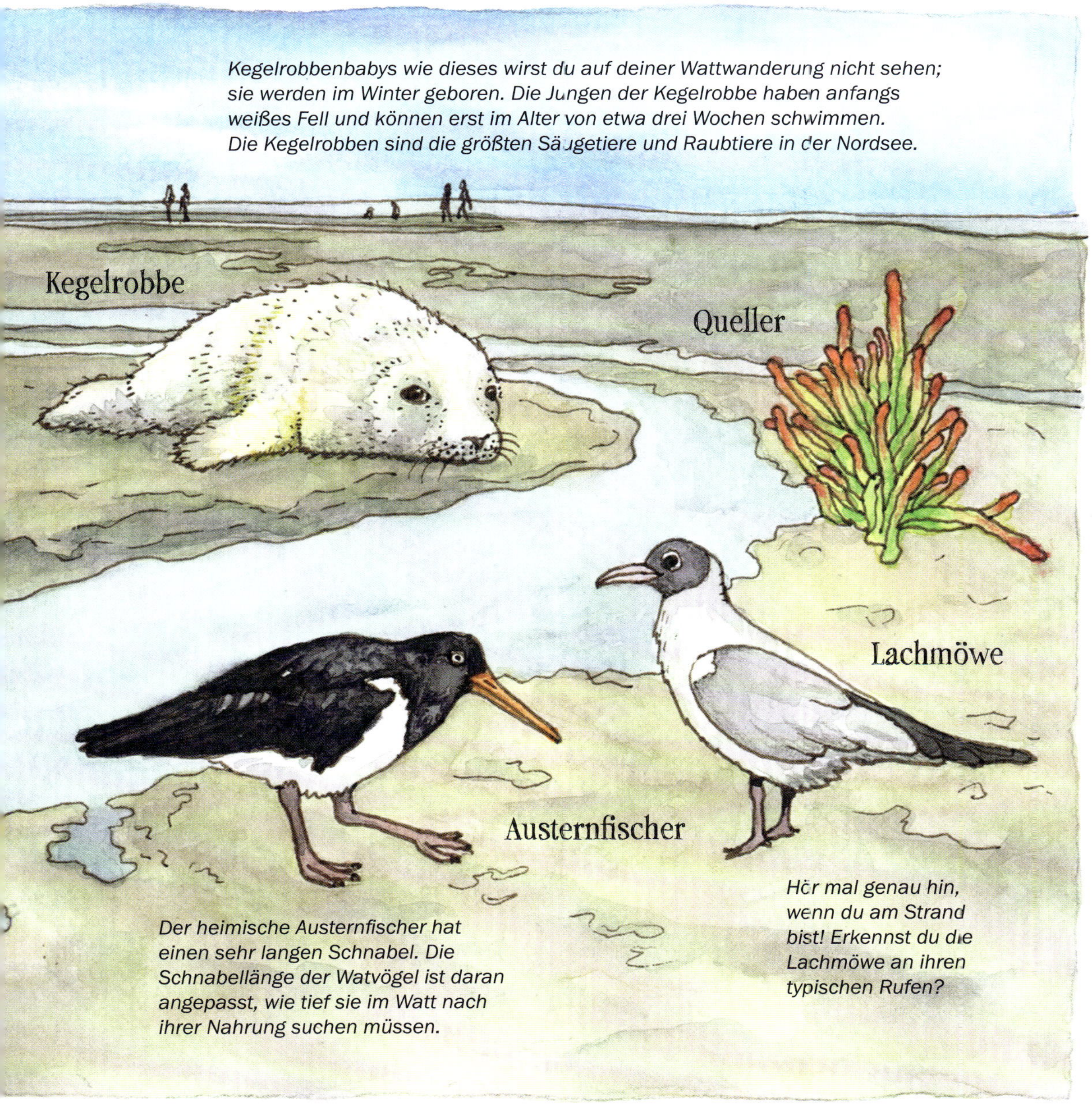

Kegelrobbenbabys wie dieses wirst du auf deiner Wattwanderung nicht sehen; sie werden im Winter geboren. Die Jungen der Kegelrobbe haben anfangs weißes Fell und können erst im Alter von etwa drei Wochen schwimmen. Die Kegelrobben sind die größten Säugetiere und Raubtiere in der Nordsee.

Der heimische Austernfischer hat einen sehr langen Schnabel. Die Schnabellänge der Watvögel ist daran angepasst, wie tief sie im Watt nach ihrer Nahrung suchen müssen.

Hör mal genau hin, wenn du am Strand bist! Erkennst du die Lachmöwe an ihren typischen Rufen?

Der Queller hat sich dem Leben im Salzwasser gut angepasst. Er wird auch „Salzstange des Wattenmeeres“ oder „Spargel der Nordsee“ genannt, aber zu viel davon essen solltest du wegen seines hohen Salzgehaltes besser nicht.

Kieselalge

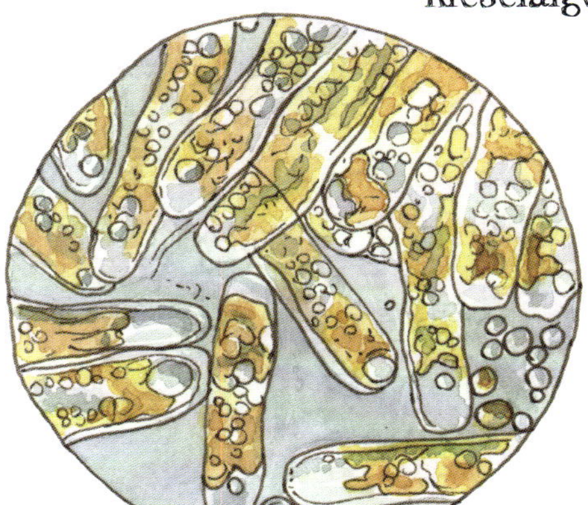

Die wichtigste pflanzliche Nahrungsgrundlage im Wattenmeer ist die Kieselalge. Von ihr ernähren sich die Kleinstlebewesen, von denen wiederum die Fische und Vögel leben.

Ein Warenlager als Stadt in der Stadt

Der Elbe verdankt Hamburg seinen Aufstieg zur großen Hafenstadt. Schon im Mittelalter segelten die Kaufleute über den breiten Fluss, um Handel über die Nordsee hinweg zu treiben. Tatsächlich besaß die alte Hansestadt bis vor gut 130 Jahren ein besonderes Recht: Waren, die über den Seeweg kamen, durften im gesamten Stadtgebiet zollfrei lagern. Erst wenn sie verkauft waren und die Stadt wieder verließen, wurden Gebühren fällig. Kein Wunder also, dass das Geschäft brummte und sich die Geldsäcke füllten. Dieser Wohlstand geriet erst in Gefahr, als das Deutsche Kaiserreich die Stadt 1881 dazu verpflichtete, dem deutschen Zollgebiet beizutreten. Natürlich wurde zuvor hart verhandelt – mit Erfolg: Der Stadt wurde ein sogenannter Freihafen gewährt. Was das bedeutete? Zumindest im Hafen durften die Waren weiterhin zollfrei angeliefert, gelagert und verarbeitet werden. Bis zum geplanten Zollanschluss 1888 mussten nun aber neue Lagerhäuser errichtet werden, denn die meisten lagen außerhalb des Hafens. So kam es zum Bau der Speicherstadt: einem riesigen und weltweit einzigartigen Warenlager!

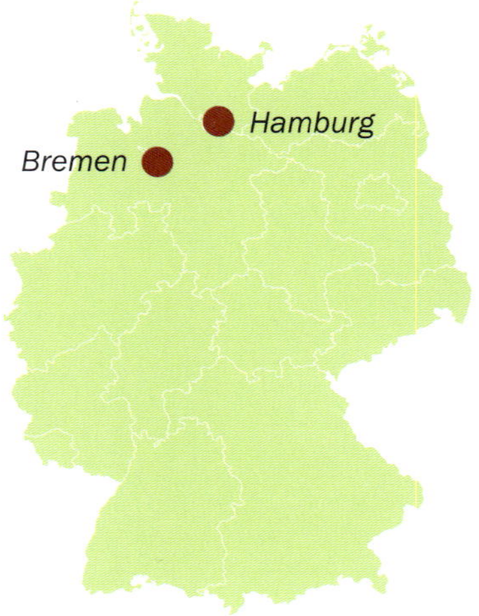

Mit einer Seilwinde zog man die Waren zu den Speicherböden hinauf. Solche Winden und Luken, so heißen die Türen zu den Speicherböden, gab es sowohl zur Straße als auch zum Wasser hin.

Die Hamburger Speicherstadt war eine Stadt in der Stadt, in sich geschlossen und mit streng bewachten Zugängen. Geschmuggelt wurde hier trotzdem. Denn hinter den Fassaden lagerten wertvolle Waren aus aller Welt: säckeweise Kaffee und Kakao, kistenweise Tee, ballenweise Kautschuk und Tabak, riesige Mengen Paranüsse. In die Keller kamen die Fässer mit Wein, Rum und den Naturdärmen, die man zur Wurstherstellung brauchte.

Früher wurde die Fracht auf den sogenannten Schuten über die Fleete, so nennt man in Hamburg die Wasserstraßen, zu den Speichern gebracht.

Die Speicherstadt war eine großartige Idee. Aber wo sollte man sie errichten? Am besten möglichst nah am Wasser, aber ebenso nah an der Innenstadt, denn für die Händler waren auch Kontor, Bank und Börse wichtig. Man entschied sich für die Kehrwieder-Wandrahm-Inseln, obwohl diese bereits dicht bebaut waren. Tausende Bewohner wurden von hier vertrieben und ihre Häuser abgerissen. Kurz darauf wuchsen Block um Block die neuen Speicher in die Höhe – mit einem Gerüst aus Eisen, Fassaden aus Backstein, Türmchen und Spitzbögen. Mit dieser „neuen“ Backsteingotik erinnerte man sich an die große Zeit der Hanse.

Nördlich der Speicherstadt entstand in den 1920er-Jahren das Kontorhausviertel. Hier erledigte der Kaufmann seine Büroarbeiten. So gab es in Hamburg eine Stadt der Speicher und ein Viertel der Büros. Das war damals eine ziemlich moderne Sache. Berühmt ist das Chilehaus, das Fritz Höger 1922 bis 1924 baute, und zwar im Auftrag des damals reichsten Hamburger Geschäftsmannes. Die Spitze ist einem Schiffsbug nachempfunden.

Prunkvolles Rathaus für stolze Bürger

Bremen liegt an der Weser nahe der Nordsee und ist wie Hamburg eine alte Hansestadt. Berühmt ist die Stadt für ihren Marktplatz, denn hier versammeln sich alle großen Zeugen der Stadtgeschichte: der mächtige Dom, der stolze Roland, das prunkvolle Rathaus. Natürlich ist das kein Zufall. Die meisten Städte des Mittelalters gingen aus einer Siedlung am Rande einer Burg hervor. Und der Burgherr, Bischof oder Fürst, war gleichzeitig auch der Stadtherr. Er richtete Märkte ein, sorgte für Recht und Ordnung, kassierte Steuern und Zölle. Doch im Laufe der Zeit lehnten die Stadtbewohner sich auf: Sie wollten sich selbst verwalten, wählten einen Rat und eroberten sich Stück für Stück die herrschaftlichen Rechte. Am Ende zog der Stadtherr häufig den Kürzeren. So lief es auch in Bremen. Hier waren die Bürger besonders stolz auf ihre städtischen Freiheiten. Deshalb bauten sie ein prachtvolles großes Rathaus und setzten es ihrem Stadtherrn, dem Bischof, direkt vor die Nase – und zwar in die Mitte der Stadt vor den Dom. Außerdem stellten sie eine „Freiheitsstatue“ auf: den berühmten Bremer Roland.

Bremer Rathaus

Das Bremer Rathaus wurde im Spätmittelalter, kurz nach 1400, erbaut. Rund 200 Jahre später bekam es eine neue Fassade. Besonders ist, dass das Rathaus im Kern nicht nur seine Gestalt bewahrt hat, sondern auch seine Aufgabe. Seit dem Mittelalter behauptet hier die Stadt ihre Freiheit.

Der prächtige Schmuck an der Rathausfassade zeigt dir, was dem Rat zu verschiedenen Zeiten wichtig war. Aus dem Spätmittelalter stammen die Steinfiguren zwischen den Fenstern: Karl der Große und die sieben Kurfürsten. So berief sich der Rat auf die höchsten Vertreter der Macht. In der Renaissance kamen die vielen farbigen Steinreliefs dazu; ihre Bilder verkündeten nun stolz: „Hier regiert der Rat so klug und weise wie ein Fürst.“

Das Bremer Rathaus ist inzwischen über 600 Jahre alt. Durch den Eingang im Erdgeschoss gelangt man nach wie vor in eine große dreischiffige Halle. Hier verkauften die Händler früher ihre kostbarste Ware, zum Beispiel feine Stoffe. Über der Halle liegt ein großer Saal. Dort beriet man sich, sprach Recht, empfing Gesandte und feierte Feste. Und im nahezu unveränderten Keller lagert bis heute der Wein. Früher besaß der Rat das Vorrecht auf den Verkauf von Rheinwein. Ähnlich wie in Lübeck war auch das Bremer Rathaus ein Gebäude mit vielen Aufgaben.

Bremer Roland

Die mit Sockel und Baldachin rund zehn Meter hohe Steinfigur des Rolands ist riesig und hatte einen hölzernen Vorgänger. Den verbrannte der Bischof. Warum? Mit Schwert und Handschuh verkündete der ehemalige Krieger Karls des Großen das Recht, Gericht und Markt zu halten – und damit die Unabhängigkeit der Bremer gegenüber ihrem Bischof. Die Bremer ließen sich davon nicht entmutigen und errichteten einen neuen Roland. Dieser Steinriese ist bis heute das Wahrzeichen der freiheitsliebenden Stadt.

Hanse, Backstein und die Schweden

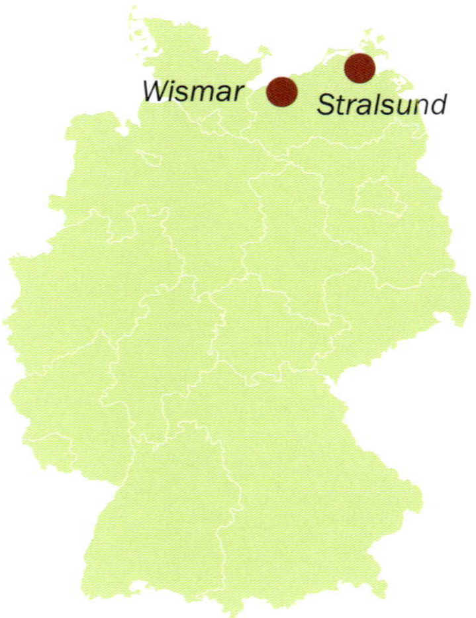

Die Altstädte von Stralsund und Wismar stellen ein wichtiges Zeugnis der Zeit der Hanse, der Besatzung durch die Schweden und der Backsteingotik dar. Von den Häfen der beiden Hansestädte aus transportierten Karren und Koggen Waren wie Pelze, Fisch und Wachs in die Welt hinaus. Die Kaufleute kehrten mit Tuch, Wein und Bier in die Heimat zurück. Die beiden Städte stellten ihren Reichtum in Form großer Bauten aus teurem Backstein, prächtiger Kaufmannshäuser und mächtiger Stadtmauern zur Schau. Drei Stralsunder Bürgermeister schrieben sogar Geschichte: Bertram Wulflam war mit seinem Lübecker Kollegen einer der wichtigsten Vertreter der Hanse, führte die Verhandlungen mit dem Gegner Dänemark und fand neue Verbündete. Während der Belagerung Stralsunds im Dreißigjährigen Krieg durch Fürst Albrecht von Wallenstein nutzten die Bürgermeister Lambert Steinwich und Christoph Krauthof geheime Verbindungen zur schwedischen Krone, um ihre Stadt vor den Truppen des Kaisers und der Katholischen Liga zu schützen. Allerdings zogen statt derer die Schweden ein und besetzten die Stadt.

Stralsund entstand als kleine Siedlung auf einer hochwassersicheren Anhöhe. Die umliegenden Sümpfe wurden in den Franken- und Knieperteich umgewandelt.

Diese Kirche fällt dir sofort auf, denn einer ihrer Türme hat nach dem Brand im Jahr 1662 nur ein Notdach erhalten. Der heilige Nikolaus ist übrigens der Beschützer der Seefahrer und Kaufleute.

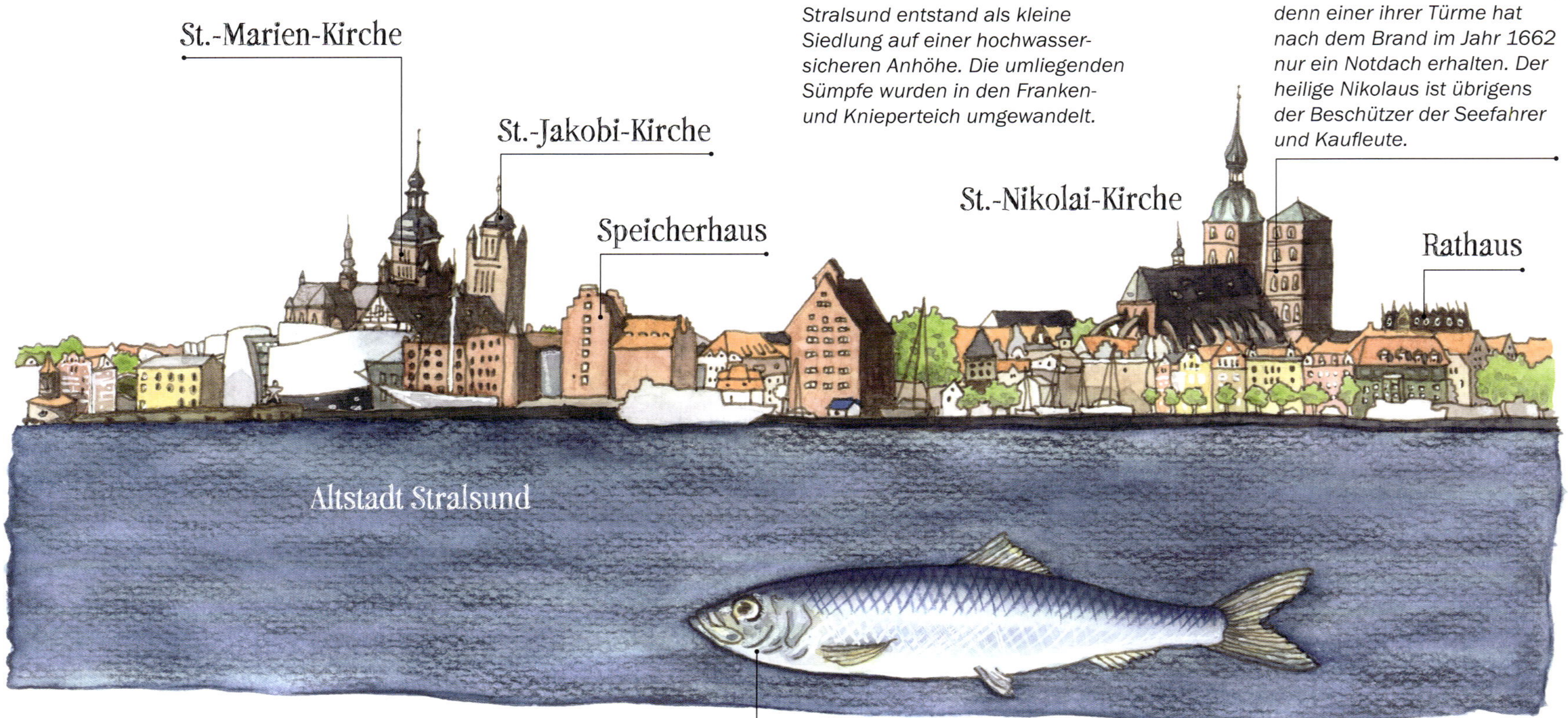

Magst du Hering? Insbesondere der Ostseehering machte Stralsund reich: Im Mittelalter kam er an bis zu 140 Tagen im Jahr als Fastenspeise auf den Tisch!

Stralsund erhielt 1234 von Witzlaw I., dem Fürsten von Rügen, das Stadtrecht sowie Fischereirechte und Zollfreiheit verliehen. Vor allem Siedler aus Westfalen ließen sich in der Stadt nieder, ebenso wie Kaufleute, die vom Heringshandel lebten. Stralsund entwickelte sich zu einem bedeutenden Hafen. Kaufleute und Handwerker zogen an einem Strang und bauten ihre Stadt gemeinsam auf. Nach dem großen Brand 1271 wuchsen in den folgenden Jahrzehnten drei mächtige Kirchen aus Backstein in den Himmel. Um 1300 herum wurde das berühmte Rathaus errichtet. In ihm wurden wichtige Friedensverträge, wie 1370 der Frieden von Stralsund mit dem Gegner Dänemark, geschlossen, und von dort aus regierten die Schweden ihr besetztes Gebiet.

Lambert Steinwich

Christoph Krauthof

Stralsunder Rathaus

Altstadt Wismar

Dieses kleine Gebäude heißt „Wasserkunst“. Früher diente es als Überdachung für die Pumpenanlage, an der sich die Wismarer Bürger vom 17. bis 19. Jahrhundert ihr frisches Wasser holten.

Dies ist das älteste Bürgerhaus Wismars, erbaut um 1380 im Stil der Backsteingotik. Es wird „Alter Schwede“ genannt; der Name stammt aus der Schwedenzeit.

Wismar besitzt einen der größten Marktplätze in Norddeutschland. Dort kannst du Kaufmannshäuser aus den letzten Jahrhunderten bewundern. Hinter dem prächtigen Rathaus aus der schwedischen Besatzungszeit liegt die Krämerstraße, in der Rudolph Karstadt im Jahr 1881 sein erstes Geschäft eröffnete.

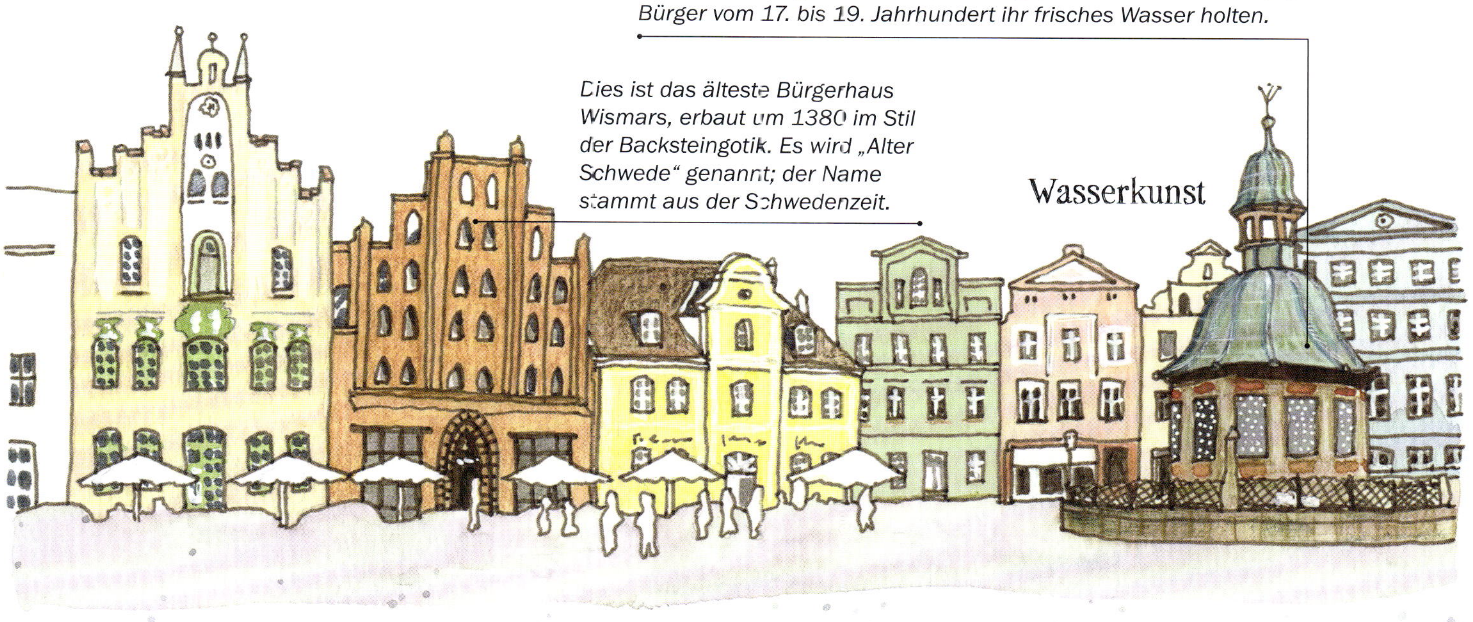

Wismar war in der Zeit der Hanse ein wichtiger Umschlagplatz für Waren aus Skandinavien, Russland und Südeuropa und die Residenz der mecklenburgischen Landesfürsten. Nach dem Dreißigjährigen Krieg geriet die Stadt in den Besitz der schwedischen Krone. Der Wismarer Fürstenhof wurde Sitz des höchsten schwedischen Gerichts. Die Stadt wurde in alle kriegerischen Auseinandersetzungen Schwedens mit hineingezogen. Gleichzeitig musste Wismar hohe Abgaben an die Besatzer leisten und eine mächtige Festungsanlage um die Altstadt herumbauen und bezahlen.

Schwedenkopf

Im Jahr 1803 brauchte die schwedische Krone Geld und verpfändete Wismar für 100 Jahre an Mecklenburg. Die mühsam errichtete Festungsanlage wurde „geschliffen“ – das heißt, die Wehranlagen wurden abgebaut. Als die Zeit um war, verzichtete Schweden auf das Rückkaufsrecht, und so gehörte Wismar ab 1903 endgültig wieder zu Mecklenburg. Übrigens soll der Ausruf „Alter Schwede!“ – ein Ausdruck für großes Erstaunen – aus Wismar kommen. Sogenannte Schwedenköpfe am Hafen und in der Altstadt erinnern ebenfalls an die Zeit, als Wismar schwedisch war. Wieso sie entstanden, ist bis heute unbekannt.

Hafen Wismar

Dieses Tor ist das letzte erhaltene Stadttor Wismars.

In Wismar und Stralsund kannst du die großen Dielenhäuser der Kaufleute und Handwerker bewundern. Die Häuser der Fischer und Fuhrleute waren klein und gedrungen.

Von der Stadtkirche St. Marien gibt es nur noch einen Turm. Er dient immer noch als Orientierungshilfe für die Schiffe und als Erinnerung an den Zweiten Weltkrieg, in dem die Kirche zerstört wurde.

Der Hafen war durch einen Verbindungskanal, Grube genannt, mit der Stadt verbunden, aber gleichzeitig durch die Stadtmauer von ihr getrennt. Am Wassertor wurden Kontrollen durchgeführt. Nachts versperrten die Wachmänner die Hafeneinfahrt mithilfe schwimmender Baumstämme und Ketten.

Das Wappen Wismars erinnert an die Zeit der Hanse.

Ein Baum und fünf Wälder

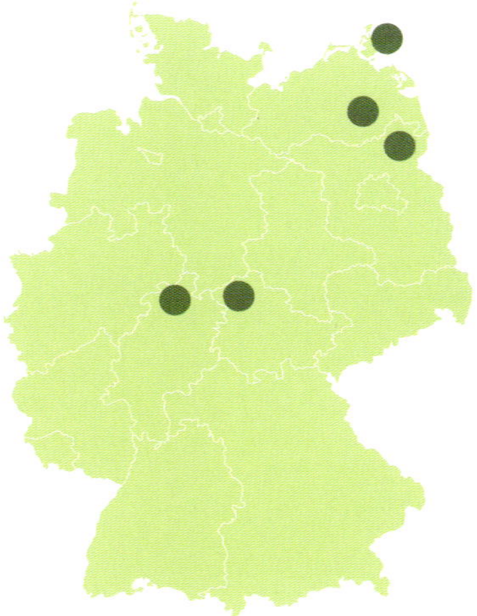

In fünf deutschen Nationalparks regiert die Buche als Königin. Diese fünf Buchenwälder gehören zum Weltnaturerbe „Alte Buchenwälder und Buchenurwälder der Karpaten und anderer Regionen Europas". Die Buche breitete sich seit dem Ende der letzten Eiszeit von Süden her in Europa aus. Seit Tausenden Jahren „wandert" diese Baumart gen Norden und ist immer noch „unterwegs". Sehr viele Tiere, Pflanzen und Pilze haben mittlerweile in den geschützten Buchenwäldern eine Heimat gefunden, auch zahlreiche bedrohte Arten. An den felsigen Stellen des Nationalparks Kellerwald-Edersee, der sich wie ein „Buchenmeer" über Hügel und Täler erstreckt, gibt es das höchste Vorkommen der fast ausgestorbenen Pfingstnelke. Seltene Waldorchideen blühen im Nationalpark Hainich. In den nördlichen Buchenwäldern Europas und damit in den deutschen Nationalparks Grumsin, Serrahn und Jasmund kann man See- und Fischadler beobachten. Kraniche legen hier eine Pause auf ihrer Durchreise von Nord nach Süd oder umgekehrt ein. Der kleine Moorfrosch quakt dort, wo gefährdete Pflanzen wie das Wollgras und die fleischfressende Pflanze Sonnentau auf schwimmenden Torfmoosteppichen wachsen. Wandert man durch den Grumsiner Nationalpark, so durchquert man den größten, noch zusammenhängenden Tiefenlandbuchenwald der Erde!

Die Wildkatze ist sehr scheu und gehört zu den besonders gefährdeten Säugetieren in Deutschland.

Einen „Urwald" gibt es bei uns schon lange nicht mehr. Die Menschen formten die Waldgebiete ganz für ihre Zwecke – durch das Fällen der Bäume für Brennholz und den Verkauf von Holz sowie um Platz zu schaffen für Wohnraum und für Felder und Weiden für das Vieh. Sie pflanzten neue Buchen und Eichen, aber auch viele Tannen, Kiefern und Fichten, die schneller wuchsen. Ganz wenige urwaldähnliche Stellen finden sich mittlerweile in den Nationalparks, und es sollen wieder viel mehr werden.

Bäume können „sprechen": Die Wurzeln teilen den Blättern mit, wenn es zu wenig Wasser gibt, benachbarte Bäume helfen sich bei der Versorgung mit Nährstoffen und informieren sich gegenseitig über Fressfeinde. Mit wem und worüber die Bäume sonst noch so reden, erfährst du bei spannenden Führungen durch dieses besondere Weltnaturerbe.

Die Pfingstnelke wächst auf Felsen und Blockhalden.

In der Zeit, in der der kleine Moorfrosch im Nationalpark Grumsin eine Partnerin sucht, wird er gerne mal knallblau!

In den Wipfeln der deutschen Buchenwälder sind unter anderem Uhu, Rotmilan, Hohltaube, Kleiber und verschiedene Spechte heimisch. Hier brütet auch der Schwarzstorch. Im Gegensatz zu seinem Verwandten, dem Weißstorch, meidet er die Menschen und lebt lieber im Wald. Trotz seiner großen Flügelspannweite fliegt er elegant zwischen den Bäumen hindurch. Außergewöhnliche und vom Aussterben bedrohte Käfer haben ebenfalls in den Buchenwäldern ein sicheres Zuhause. Auf stehendem und liegendem Totholz sowie an Bäumen siedeln sich Pilze an.

Durch den Schutz als Nationalpark und Welterbe können die Buchenwälder wieder „alt werden", und das ist sehr hilfreich für den Umweltschutz. Alte Wälder helfen nämlich, genauso wie Moore, Kohlenstoff zu binden – sowohl die lebenden Bäume als auch das Totholz. So gelangt der Kohlenstoff nicht in die Atmosphäre und wird nicht zu Kohlenstoffdioxid, was in zu hohen Mengen schädlich für unsere Umwelt ist.
Die geschützten Buchenwälder sind übrigens nicht nur wichtig für die Pflanzen und Tiere, die dort wohnen, sondern auch für die Naturforscher. Sie stellen Kameras auf, um die Tiere und die Entwicklung der Natur zu beobachten und zu verstehen.

In den Buchenwäldern leben viele seltene Spechtarten wie der Schwarzspecht und sein noch seltener Verwandter, der Grauspecht.

Auch für Fledermäuse sind die Buchen ein wichtiges Zuhause. Entdeckst du hier eine?

Buchen blühen erst, wenn sie schon ein paar Jahrzehnte gewachsen sind. Bis dahin gelten sie immer noch als „Jungbäume" – schließlich können Buchen bis zu 300 Jahre oder noch älter werden! Sie wachsen 20 bis 30 Meter hoch, manche sogar über 40 Meter. Die Blütezeit der Bäume beginnt im April. Es gibt männliche und weibliche Blüten. Die Früchte der Buche heißen Bucheckern, die im Herbst auf den Boden fallen und irgendwann wieder zu neuen Bäumen austreiben.

Zwei der seltenen Urwaldkäfer im Buchenwald: der Bluthalsschnellkäfer (rechts) und der Eremit. Letzterer lebt in Baumhöhlen, die er fast nie verlässt.

Was sucht das Wildschwein denn hier? Es durchwühlt das Laub nach Bucheckern, die frisst es nämlich besonders gerne!

Woran erkennst du eine Buche? An ihrer grauen, glatten Rinde und an ihren ovalen, spitz zulaufenden Blättern.

Schlösser und Parks als Rückzugsorte

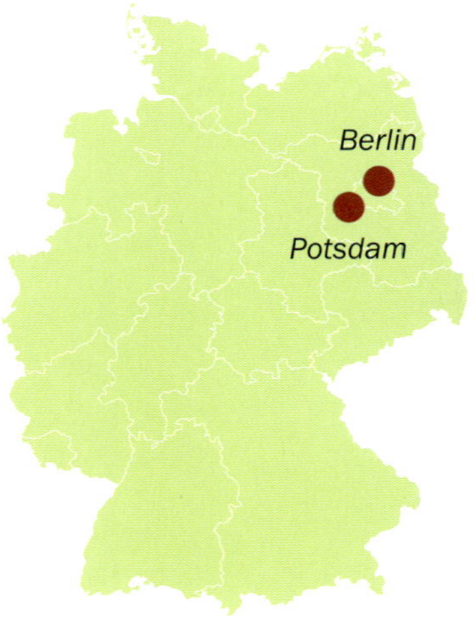

Könige und Königinnen brauchen auch mal eine Auszeit! Sie sehnen sich, wie jeder Mensch, nach einem Ort, an dem sie mit Familie und Freunden unbeschwert feiern, auf die Jagd gehen, musizieren und in Ruhe Gespräche führen können. Alles begann damit, dass der „Große Kurfürst“ Friedrich Wilhelm im Jahr 1662 das verschlafene und abseits der großen Handelsstraßen gelegene Potsdam zu seiner Sommerresidenz erwählte. Sein Enkel, der erste preußische König Friedrich I. – auch bekannt als der „Soldatenkönig“ –, baute Potsdam zu einer Garnisonsstadt mit Exerzierplatz, Reithalle und Paradeplatz aus. Der nachfolgende König Friedrich II. war eher Philosoph als Soldat. Er ließ die Stadt Potsdam verschönern und errichtete dort einen neuen Sommersitz. In den folgenden 200 Jahren entstanden in Potsdam und Berlin auf Anordnung des preußischen Königshauses und mit Hilfe berühmter Baumeister, Künstler und Gartenarchitekten eine Reihe eindrucksvoller Schlösser und prachtvoll gestalteter Parks.

König Friedrich II., auch Friedrich der Große oder „Der Alte Fritz“ genannt, ordnete im Jahr 1745 den Bau eines neuen Schlosses auf einem Weinberg in Potsdam an. Die Entwurfsskizzen fertigte er selbst an. Den Auftrag übergab er seinem persönlichen Architekten Georg Wenzeslaus von Knobelsdorff. Dieser war für ihn unter anderem nach Italien und Frankreich gereist, um die dortigen Bauweisen zu studieren. Für Frankreich begeisterte sich der König besonders; das berühmte Schloss Versailles war ein bauliches Vorbild für viele Herrscher in Europa. Knobelsdorff aber war nicht ganz einverstanden mit den Entwürfen und wies den König auf etliche Mängel hin. Der Architekt Friedrich W. Diterichs und der Baumeister Jan Boumann setzten die Entwürfe des Königs um. Die Mängel traten tatsächlich auf, doch der König erduldete sie.

Friedrich II. taufte sein neues Schloss „Sanssouci“. Das beeindruckende Gebäude mit dem prächtigen Park und dem französischen Namen, der auf Deutsch „Ohne Sorge“ bedeutet, war kein Symbol für Macht, wie es solche Schlösser sonst waren. Es war ein Schloss nur für ihn. Hierhin zog sich der König zurück, um in Ruhe zu lesen, zu musizieren und zu komponieren. Selbst seine Gemahlin durfte ihn dort nicht besuchen! Dennoch wurde Sanssouci über die Landesgrenzen hinaus berühmt. Als „königliche Prahlerei“ hingegen ließ der König das Neue Palais gleich daneben errichten. Damit wollte er nach dem verlustreichen Siebenjährigen Krieg der Welt zeigen, dass Preußen immer noch ein starkes und mächtiges Reich war. Das Neue Palais diente jedoch nur zur Unterbringung von Sommergästen.

Das Konzertzimmer gehörte zur persönlichen Wohnung des Königs. Du kannst dort die Querflöte Friedrich des Großen bewundern.

Der König und Georg Wenzeslaus von Knobelsdorff verbrachten viel Zeit miteinander und tauschten sich über Kunst und Architektur aus. Gemeinsam erschufen sie das Friderzianische Rokoko – mit schlichteren Formen und weniger Verschnörkelungen als zum Beispiel im süddeutschen Rokoko üblich.

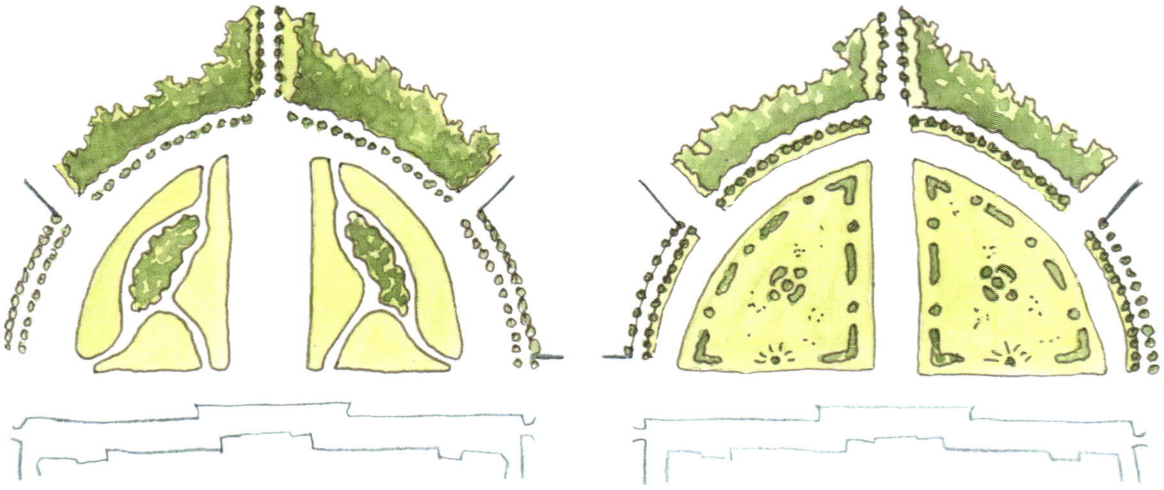

Verschönerungsvorschläge für ein Blumenbeet: links das Beet, wie es war, rechts Lennés neue Idee dafür. Der gebürtige Bonner wurde von König Friedrich Wilhelm IV. übrigens auch mit der Gestaltung des Parks von Schloss Stolzenfels am Rhein beauftragt, setzte sich für eine soziale Stadtplanung in Berlin ein und überwachte den Ausbau der dortigen Wasserstraßen. Die Berliner gaben ihm den Spitznamen „Buddelpeter".

1825 schenkte Friedrich Wilhelm III. seinem Sohn, dem späteren König Friedrich Wilhelm IV., und dessen Gemahlin zu Weihnachten ein Gelände, das direkt an Sanssouci angrenzte. Der Kronprinz beauftragte den Architekten Karl Friedrich Schinkel mit dem Bau und der Innengestaltung eines weiteren Sommersitzes: Schloss Charlottenhof. Sowohl für den Bau des Schlosses als auch für die Gestaltung des Parks fertigte der künstlerisch begabte Kronprinz eigene Entwürfe an und trat damit in die Fußstapfen seines Urgroßvaters. Den Auftrag für den dazugehörigen Park erhielt der Gartengestalter Peter Joseph Lenné. Lenné arbeitete seit dem Jahr 1816 für das preußische Königshaus und verwandelte in den folgenden Jahrzehnten die Potsdamer und Berliner Schlossgärten in eine zusammenhängende Parklandschaft und in ein großes Gesamtkunstwerk. Später ließ Friedrich Wilhelm IV. zusätzlich Schloss Lindstedt als einen Alterssitz errichten, doch dieses Schloss bezog der in den letzten Jahren vor seinem Tod erkrankte König nie.

Peter Joseph Lenné

Schloss Cecilienhof

Kurz vor der Potsdamer Konferenz legten Gärtner ein Beet in Form eines großen Sterns im Innenhof des Schlosses Cecilienhof an und bepflanzten ihn mit roten Blumen. Der Rote Stern, auch Sowjetstern genannt, sollte die Macht des Gastgebers unterstreichen.

Schloss Cecilienhof ist das jüngste unter den Schlössern im Berlin-Potsdamer Residenzpark und erinnert mit seiner Architektur an einen großen englischen Landsitz. Sein Bau wurde 1913 von Kaiser Wilhelm II. in Auftrag gegeben – als Sommersitz für den Kronprinzen Wilhelm und dessen Gemahlin Cecilie. Ein Raum wurde auf Wunsch der Kronprinzessin als Kajüte eingerichtet, da sie als Mecklenburgerin das Meer und die Seefahrt liebte. Im Jahr 1945 wurde Schloss Cecilienhof Ort eines wichtigen geschichtlichen Ereignisses: Vom 17. Juli bis zum 2. August versammelten sich in seiner Wohnhalle die Regierungschefs der Siegermächte Sowjetunion, Großbritannien und USA zur Potsdamer Konferenz, um über die Zukunft Deutschlands zu beraten. Mit vielen weiteren Gärten und Bauten sind die Schlösser und Parks in Potsdam und Berlin heute auch ein Symbol für die Teilung Deutschlands und die Wiedervereinigung. Die deutsch-deutsche Grenze verlief einst mitten durch diese Kulturlandschaft.

Eine Insel voller Schätze

Vor etwa 200 Jahren hatte der Gelehrte Wilhelm von Humboldt eine verrückte Idee: Er wollte, dass nicht nur reiche Menschen die Möglichkeit haben sollten, sich Kunstschätze anzusehen, sondern alle! Der von der Idee begeisterte preußische König Friedrich Wilhelm III. erteilte Humboldt den Auftrag, eine Kunstsammlung zu diesem Zweck anzulegen. Und so entstand auf einer Insel im Fluss Spree das erste öffentliche Museum in Berlin. Weitere Museen folgten. Die Ausstellungsstücke stammten zunächst aus dem gegenüberliegenden Schloss, später auch von wohlhabenden Bürgern wie dem Bankier Joachim Wagener. Heute stehen auf der Museumsinsel Berlin fünf alte Prachtbauten, die auf insgesamt mehr als 30 000 Quadratmetern Ausstellungsfläche Kunstschätze aus 700 000 Jahren Menschheitsgeschichte beherbergen – ein weltweit einzigartiges Erbe von Sammlern, die das Wissen und die Kunst liebten.

Büste der Nofretete

Im Neuen Museum kannst du unter anderem die Büste der berühmten Nofretete und Silbergefäße aus dem Schatz des Königs Priamos von Troja bestaunen. Das Museum wurde im Zweiten Weltkrieg stark beschädigt und blieb sehr lange eine Ruine. Das ergänzte und restaurierte Haus wurde 2009 wieder eröffnet.

In der Alten Nationalgalerie, die dich sicher an einen griechischen Tempel erinnern wird, bestaunen die Besucher Skulpturen und Gemälde von Künstlern des 19. Jahrhunderts. Das Museum gilt als ein bedeutendes Gebäude der klassizistischen Architektur.

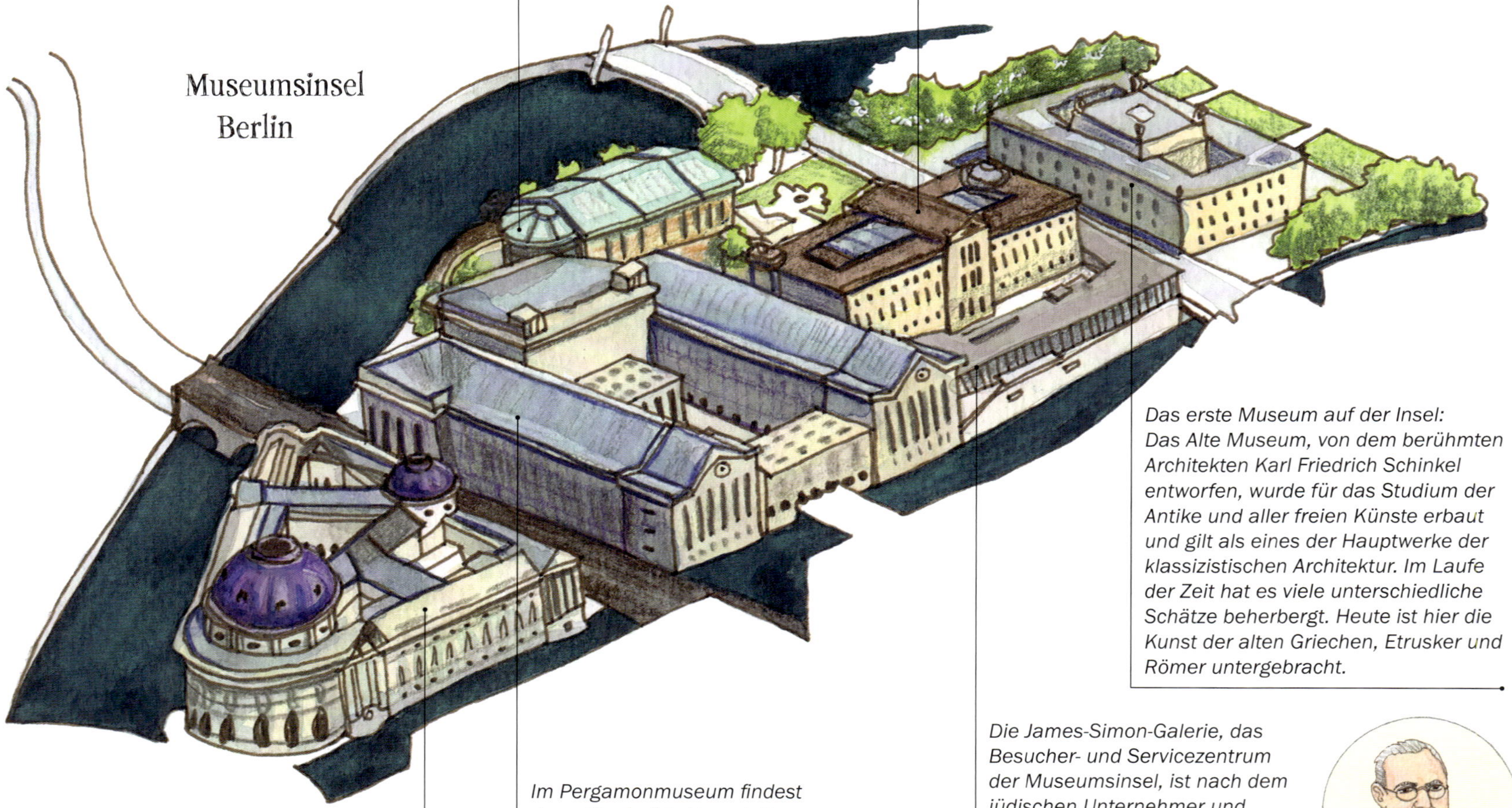

Das erste Museum auf der Insel: Das Alte Museum, von dem berühmten Architekten Karl Friedrich Schinkel entworfen, wurde für das Studium der Antike und aller freien Künste erbaut und gilt als eines der Hauptwerke der klassizistischen Architektur. Im Laufe der Zeit hat es viele unterschiedliche Schätze beherbergt. Heute ist hier die Kunst der alten Griechen, Etrusker und Römer untergebracht.

Das Bode-Museum thront wie ein neobarockes Schloss an der Spitze der Insel. Seinen heutigen Namen erhielt es von dem Museumsdirektor Wilhelm von Bode, der unter Kaiser Wilhelm II. sehr zum Ruhm der Berliner Museen beitrug und der als Mitbegründer des modernen Museumswesens gilt.

Im Pergamonmuseum findest du antike Architekturschätze wie das Markttor aus Milet, das frühislamische Wüstenschloss von Mschatta und natürlich den Pergamonaltar, der dem Museum seinen Namen gab.

Die James-Simon-Galerie, das Besucher- und Servicezentrum der Museumsinsel, ist nach dem jüdischen Unternehmer und Mäzen James Simon benannt. Er sammelte Kunst und finanzierte große Ausgrabungen, etwa in Tell el-Amarna, Ägypten. Dort wurde die Büste der Nofretete gefunden. Seine Sammlung stellte er der Öffentlichkeit zur Verfügung. Er schenkte alles den Staatlichen Museen Berlin. Doch Simon spendete nicht nur Kunst, sondern auch viel Geld für soziale Einrichtungen.

Neues Bauen und neues Wohnen

Anfang des 20. Jahrhunderts herrschte das Zeitalter der Industrie auch in Deutschland. Die Städte füllten sich mit Menschen, die dort oft unter miserablen Bedingungen wohnten: zu mehreren in winzigen dunklen Wohnungen, mit einer Gemeinschaftstoilette im Treppenhaus und schmutzigen Hinterhöfen. Nach dem Ersten Weltkrieg nahm sich in Berlin der neue Stadtbaudirektor Martin Wagner dieses Problems an. Er setzte es sich zum Ziel, schönen Wohnraum zu schaffen und zu vermieten, allein damit es den Menschen besser ging. Das nannte man „Sozialen Wohnungsbau“. Berühmte Architekten errichteten in den Jahren 1913 bis 1934 in verschiedenen Berliner Bezirken mehrere Siedlungen zu diesem Zweck. Leider nicht für die ganz Armen, aber zumindest für besserverdienende Arbeiterfamilien gab es in den neuen Siedlungen bezahlbare Wohnungen – sogar mit Badezimmer und Fernheizung! Balkone, Fassadenteile oder gar ganze Flächen strahlten in leuchtenden Farben. Für die Großsiedlung Siemensstadt mussten eine große Anzahl Bäume gefällt werden. Aber schon damals gab es ein Baumschutzgesetz, und die Architekten hielten sich streng daran. Viele Bäume behielten ihren Platz in einer neuen grünen Landschaft um die Häuserzeilen herum. Wiesen für zum Beispiel Picknicks wurden angelegt und Spielplätze errichtet.

Die Siedlung Schillerpark im Bezirk Mitte war das erste großstädtische Projekt des Architekten Bruno Taut, der damals von der holländischen Architektur beeinflusst war. Das erkennst du an der Backsteinfassade.

Die Großsiedlung Britz im Bezirk Neukölln wird im Volksmund „Hufeisensiedlung“ genannt. Sie wurde auf dem Grund des ehemaligen Ritterguts Britz und um einen eiszeitlichen Weiher herum errichtet.

Die Großsiedlung Siemensstadt in den Bezirken Spandau und Charlottenburg-Wilmersdorf entwarf u. a. Hans Scharoun. Eine Häuserzeile Scharouns erinnert dich sicher an einen Hochseedampfer. Sie heißt „Panzerkreuzer“.

Siedlungen der Berliner Moderne

Die Wohnstadt Carl Legien im Bezirk Pankow errichtete Bruno Taut mit Franz Hillinger. Die Siedlung liegt sehr dicht an der Innenstadt, dennoch bietet sie ihren Bewohnern helle Wohnungen und Gärten in den Innenhöfen.

Von Paul Rudolf Henning stammt diese Häuserzeile in der Großsiedlung Siemensstadt. Seine Dachterrassen waren nicht nur für die Bewohner, sondern als Heilstationen für Tuberkulose-Kranke gedacht.

In der u. a. von Otto R. Salvisberg geplanten Siedlung Weiße Stadt im Bezirk Reinickendorf gab es alles, was man brauchte: Ärzte, viele Geschäfte, ein Café, ein Fernheizwerk und eine Zentralwäscherei.

Im Bezirk Treptow-Köpenick liegt die Gartenstadt Falkenberg, auch „Tuschkastensiedlung“ genannt. Sie ist die älteste der sechs Siedlungen und geht ebenfalls auf Bruno Taut zurück. Er liebte Farben und setzte sie hier besonders ein.

Der Bauhaus-Architekt Walter Gropius baute in der Großsiedlung Siemensstadt eine Häuserzeile mit strengen Formen und Laubengängen.

Im Welterbe wohnen

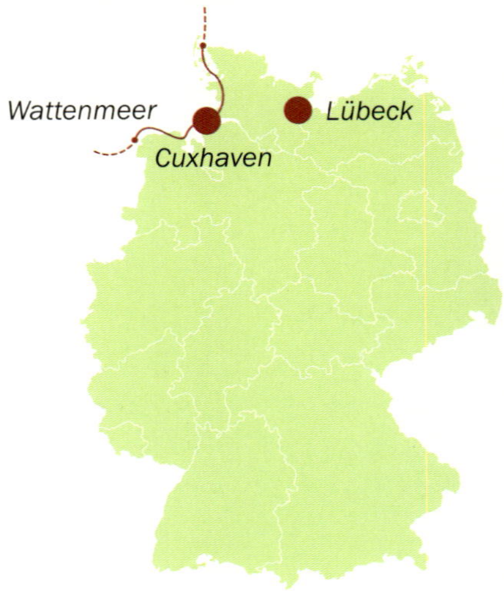

Stell dir vor: Es gibt sehr viele Menschen und Tiere, die mitten in einem Welterbe wohnen. Aber wissen die auch, was das eigentlich bedeutet? Und ist es vielleicht sogar ein anderes „Wohnen" als im übrigen Deutschland? Wir haben für dich nachgeforscht.

Es herrscht Ebbe im Wattenmeer der Nordsee. Wir wandern zu einer Sandbank, auf der sich Seehunde und Kegelrobben die Sonne auf Bauch und Rücken scheinen lassen. Vor der Sandbank befindet sich ein breiter und tiefer Priel – ein Wasserlauf, in dem die Tiere hin und wieder nach Futter tauchen. Damit wir nicht stören, bleiben wir ein Stück abseits stehen. Wir sind mit dem Seehundmädchen Swantje verabredet, das genau in diesem Moment den Kopf aus dem Wasser streckt.

Moin, Swantje, erzähl uns doch bitte etwas über die Seehunde in der Nordsee!

Damit ihr nichts Falsches denkt: Seehunde sind nicht mit den Hunden verwandt, sondern mit den Robben! Wir und die Kegelrobben gehören zu den großen Raubtieren in der Nordsee. Die Kegelrobben sind allerdings noch ein Stück größer als wir.

Weißt du, dass euer Zuhause ein Welterbe ist?

Dass das Wattenmeer jetzt Welterbe ist, hat sich auch bei uns Seehunden herumgesprochen. Aber unser Zuhause ist zum Glück schon sehr viele Jahre ein Nationalpark. Vor euch Menschen müssen wir also keine Angst mehr haben. Die Geschichte darüber, wie für uns hier alles besser wurde, wird noch immer von Familie zu Familie weitererzählt. Stellt euch vor: Früher wurden unsere Vorfahren von euch Menschen schlimm gejagt. Es gab sogar einige Zeit fast gar keine Seehunde und Kegelrobben mehr im Wattenmeer!

Was findest du gut an dem besonderen Titel „Welterbe"?

Ihr Menschen seid zu Recht sehr stolz darauf und passt nun noch besser auf unser Zuhause auf. Ihr habt schon vorher Robben- und Seehundschutzgebiete eingerichtet. Das ist prima, weil wir am liebsten allein sind und unsere Ruhe haben wollen – also nicht nur die Seehunde als Ganzes, sondern jeder einzelne Seehund für sich! Deshalb brauchen wir viel Platz.

Haben in letzter Zeit neue Fische, Vögel oder andere Lebewesen im Wattenmeer eine neue Heimat gefunden? Oder sind vielleicht welche, die weggezogen waren, wieder zurückgekehrt?

Es schwimmen wieder viel mehr Plattfische im Wattenmeer. Die sind lecker! Aus dem Pazifik sind einige Krabben und Fische zu uns hergezogen. Auch die schmecken zum Teil recht gut, aber sie fangen leider immer mal wieder Ärger mit ihren Verwandten von hier an.

Das Seehundmädchen Swantje

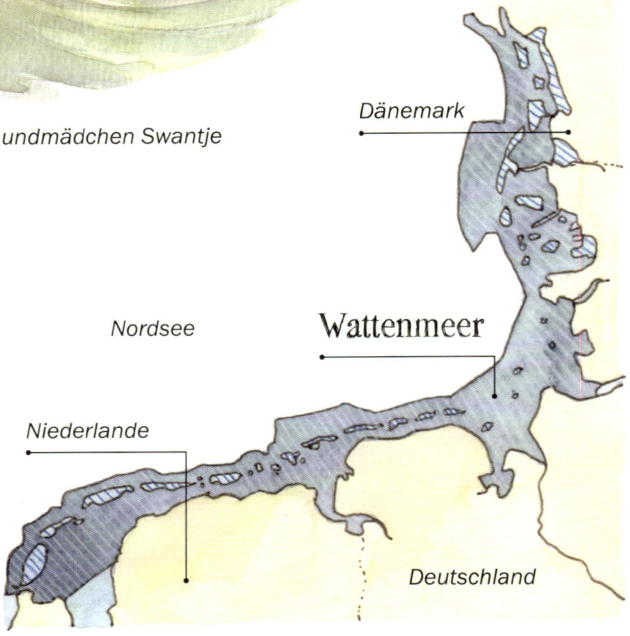

Das Wattenmeer der Nordsee ist Swantjes Zuhause: nationalpark und Weltnaturerbe.

Verrätst du uns deinen Lieblingsort im Wattenmeer?

Am liebsten liege ich bei Ebbe auf einer Sandbank an einem Priel und sonne mich. Ab und zu tauche ich ab und suche mir eine leckere Mahlzeit. So wie jetzt – moin, moin!

Die Familie Petereit Haufe wohnt mitten in Lübeck in einem Hinterhaus der Fleischhauerstraße. Dort lebten im Mittelalter die Fleisch- oder Knochenhauer (Metzger). Heute reihen sich hier Wohnhäuser, kleine Geschäfte und Kunstgalerien aneinander. Wir klingeln an der Haustür, und dann geht's ab durch die Diele des Vorderhauses in den Innenhof. Da liegt das Wohnhaus der Familie direkt vor uns. Wow: Welche Gegensätze hier aufeinanderprallen! Was es damit auf sich hat, erfahren wir in großer Runde, bei Kaffee und Kuchen am modernen Küchentisch.

? Nicola und Jörg, seit wann wohnt ihr in der Fleischhauerstraße?

Eigentlich schon seit 1996. Zuerst haben wir hier in der Straße in einem anderen Haus gewohnt, das hatte noch Mauern aus dem 16. Jahrhundert! Edda und Irma sind da auch geboren. Das Haus war schön, aber auch sehr verwinkelt. Und wir brauchten weniger Platz, weil unsere Söhne ausgezogen waren. Da ergab sich im April 2015 die Möglichkeit, dieses Grundstück mit Wohnhaus und Werkstatt der Malerei Willy Kahns zu erwerben. Und damit ging alles los.

? Ihr seid beide Architekten, erzählt mal, wie ihr im Lübecker Welterbe arbeitet!

Wir haben hier gelernt, mit einer sehr dichten und alten Bebauung zu arbeiten. Zuerst stellen wir uns also immer die Frage, wie viel Neues wir einem Haus zumuten können. Es darf zum Schluss nicht „verletzt", aber auch nicht „verkleidet" sein. Unser Motto: „Was alt ist, bleibt! Was neu ist, soll man sehen!" Bei uns zu Hause haben wir das sehr genau genommen: Sogar die ollen Malerflecken auf den Fußböden haben wir gelassen, wie sie waren. Das gefällt natürlich nicht jedem.

? Irma, wie hast du den Umzug von einem Haus ins andere erlebt?

Natürlich verbrachten wir jedes Wochenende auf der Baustelle. Aber gelangweilt habe ich mich eigentlich nie. Es gab immer etwas zu tun. Zum Beispiel durfte ich die vielen Tausend Liter Farbe vermalen, die der Maler hiergelassen hat. Und außerdem habe ich in der Malerhalle, die es heute nicht mehr gibt, lesen gelernt. Unser Haus ist toll! Ich vermisse nur manchmal die vielen kleinen Winkel unseres alten Hauses, die waren toll zum Versteckenspielen.

? Edda, wie erlebst du das Wohnen mitten in Lübeck?

Mir gefällt an unserem Hinterhaus, dass es hier viel stiller ist. Und dass es im Hof Platz gibt für meinen Baum Justin. Den hatte ich als Samen aus dem Kindergarten mitgebracht und noch am alten Haus eingepflanzt. Aber da gab es für ihn nur einen schmalen Streifen Platz, deshalb ist er so lang und dünn gewachsen.

? Nicola und Jörg, wie würdet ihr euer Lübeck in wenigen Worten beschreiben?

Lübeck ist einfach schön – freundlich, familiär und vertraut!

? Irma und Edda, welcher ist euer Lieblingsort in der Welterbestadt Lübeck?

Unser Zuhause!

Hier triffst du die ganze Familie Petereit Haufe im Innenhof vor ihrem Wohnhaus: die Eltern Nicola und Jörg mit ihren Kindern samt Baum Justin und den wilden Hühnern, die inzwischen ein eigenes Architekten-Hühnerhaus bewohnen.

Die Fleischhauerstraße gehört zu den ältesten Straßen in Lübeck. Am oberen Ende siehst du die Türme von St. Marien.

Kaiserpfalz, Bergbau und viel Wasser

Goslars Altstadt mit dem prunkvollen spätgotischen Rathaus, den vielen gut erhaltenen Fachwerkhäusern und dem Kaiserhaus, das Bergwerk Rammelsberg und die Oberharzer Wasserwirtschaft bilden eine Welterbestätte. Goslar gehörte im Mittelalter zu den Pfalzen, die Lieblingsorte der Könige und Kaiser waren. Vor allem Kaiser Heinrich III. und seine Ehefrau Agnes von Poitou kümmerten sich sehr um die Stadt und ließen eine Reihe wichtiger Gebäude errichten. Der gemeinsame Sohn und spätere Kaiser Heinrich IV. wurde hier geboren. Goslar war wie Aachen und drei andere Pfalzen Ort zahlreicher Hoftage, bei denen Kaiser Heinrich III. neue Bischöfe einsetzte und Herzogtümer verteilte oder Gesandte aus fremden Ländern empfing. Einmal erhielt Goslar sogar besonders hohen Besuch: Papst Victor II. Zu Zeiten des Kaiserehepaares galt Goslar als berühmtester Wohnsitz des Reiches.

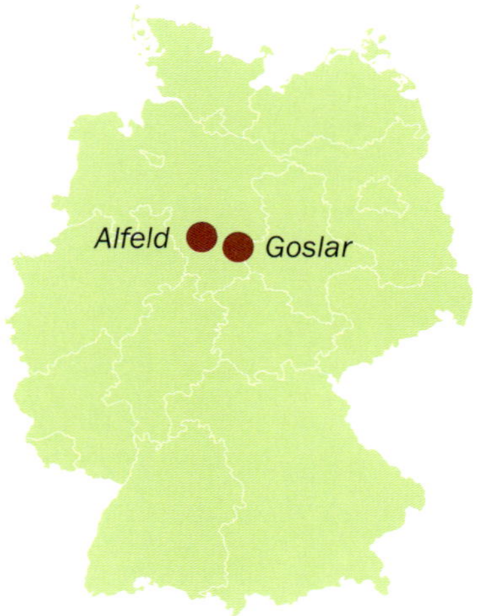

Auf Wunsch des Kaisers wurde nach seinem Tod sein Herz in Goslar beigesetzt. Heute findest du es in einem großen Sarkophag in der Pfalzkapelle St. Ulrich.

Die Kaiserin war sehr fromm und gründete 1045 das St.-Peters-Stift. Nach dem Tod ihres Mannes regierte sie fünf Jahre lang das Reich.

Das Pferd des Ritters hat der Sage nach beim Scharren mit den Hufen das Erz auf dem Rammelsberg entdeckt.

Der Bergbau spielte für Goslar eine sehr wichtige Rolle. Das Erzbergwerk Rammelsberg war über 1000 Jahre fast ununterbrochen in Betrieb und sorgte für Arbeit und Wohlstand in der Region. Archäologen haben sogar Beweise dafür gefunden, dass dort schon vor 3000 Jahren Erz abgebaut wurde! Goslar entwickelte sich bereits im Mittelalter zu einer bedeutenden Bergbaustadt. Zunächst besaß der König die Rechte am Abbau und damit auch am Gewinn. Die Mönche des Zisterzienserklosters in Walkenried verwalteten im 12. und 13. Jahrhundert den Bergbau und das Hüttenwesen am Rammelsberg und im Oberharz und bauten die ersten Anlagen der Oberharzer Wasserwirtschaft – ein weltweit einmaliges Wasserleitsystem mit einer Gesamtlänge von 310 Kilometern. Im 14. Jahrhundert übernahm die Stadt die Verwaltung des Bergwerks.

Das Wasser, das in die Stollen eindrang, war ein großes Problem. Üblicherweise wurde es von Männern, den Wasserknechten, mit Ledereimern abgeschöpft und auf Leitern durch Schächte nach oben transportiert. Im 15. Jahrhundert wurden Wassereimer an Seilen befestigt und hochgezogen. Die Seile liefen über große Holzräder, die von Menschen oder Pferden bewegt wurden. Später übernahmen mit Wasserkraft angetriebene Räder und dann Pumpen diese Arbeit. Sie pumpten das Wasser aus dem Bergwerk in umliegende Bäche, Teiche und Gräben.

Zuerst wurde im Bergwerk Rammelsberg Kupfererz, später Blei- und Zinkerz abgebaut. Aber auch die Nebenprodukte brachten Geld: zum Beispiel farbige Vitriole, wie du sie hier an den Felswänden sehen kannst.

Ein Palast für die Arbeit

Seit über 100 Jahren stellt man im Fagus-Werk in Alfeld, südlich von Hannover, Schuhleisten her. Das ist außergewöhnlich und verdankt die Firma ihrem pfiffigen Gründer Carl Benscheidt. Zusammen mit einem erfahrenen Architekten plante er die Anlage 1911. Dabei setzten sie alle Bauten für die Produktion auf eine einzige, gerade Achse: von der Sägerei bis zum Versand. Das war schlau, denn so sparte man Zeit und Arbeitskraft. Dazu kam die modernste Technik. Aber auch das war noch nicht alles: Benscheidt lag das Wohl seiner Arbeiter ebenso am Herzen. Denn ihm war schon damals klar: Wer sich wohlfühlt, leistet mehr!

Deshalb sollte auch die Umgebung nicht nur zweckmäßig, sondern „geschmackvoll“ gestaltet sein. Das waren ganz neue Töne im alten Fabrikbau. Und dafür brauchte Benscheidt einen neuen, mutigen Architekten. Er entschied sich für Walter Gropius. Der junge Architekt gab alles und schuf in Alfeld einen wahren „Palast für die Arbeit“ mit geraden Formen, klaren Linien und Fassaden aus Glas. Das hatte die Welt noch nicht gesehen. Eine bessere Werbung hätte sich Benscheidt für seine Schuhleisten nicht wünschen können!

Wie sich das kantige Werkstück in einen versandfertigen Schuhleisten verwandelte, das kannst du hier Schritt für Schritt anhand der einzelnen Gebäudeteile nachvollziehen: angefangen bei der Sägerei (ganz hinten links) bis hin zur Auslieferung durch das Tor 21 (vorne rechts). So lief die Produktion „wie am Schnürchen“.

Eine besondere Konstruktion erlaubte die berühmte stützenlose gläserne Ecke.

Das ist das Verwaltungsgebäude mit seinen berühmten gläsernen Fassaden.

Hier zersägte man die Buchenstämme zu groben Werkstücken.

Oberlichter

Hier trockneten die Werkstücke vier bis sechs Wochen.

Der schmale dunkle Sockel fasst alle Gebäude zusammen und bringt sie augenscheinlich zum Schweben.

Hier lagerten die Werkstücke ein bis zwei Jahre.

Im Arbeitssaal mit Ober- und Seitenlichtern stellte man die Schuhleisten her.

Durch die Fenster im Eingangsbereich erkennst du den Umriss der frei schwebenden Treppe.

Walter Gropius und Adolf Meyer ließen sich viel einfallen, um dem modernen Fagus-Werk auch die passende Gestalt zu geben. So entwarfen sie für das Hauptgebäude funkelnde Fassaden aus Stahl und Glas. Die sind für dieses Gebäude zwar nicht extra erfunden worden, fielen hier aber besonders leicht und elegant aus. So viel Licht, Luft und Klarheit im düsteren Fabrikbau? Das setzte neue Maßstäbe. Genauso wie die stützenlose gläserne Ecke und die frei schwebende Treppe. Kein Wunder, dass Walter Gropius Karriere machte. 1919 gründete er das Bauhaus in Weimar.

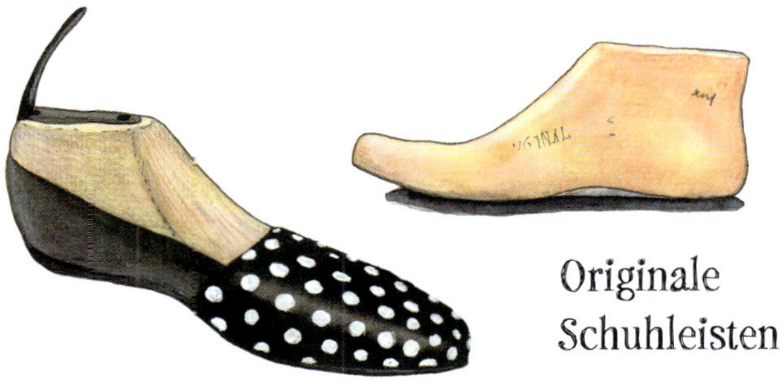

Originale Schuhleisten

Jeder Schuh wird auf einem Leisten gefertigt. Der bestimmt die Form: Sandale, Stiefel oder Stöckelschuh. Früher war der Leisten aus Buchenholz. So kam die Fabrik auch zu ihrem Namen: Fagus – das bedeutet „Buche“ auf Lateinisch. Heute ist nur noch das Original aus Buche, der serienmäßig hergestellte Leisten besteht aus Kunststoff.

Viele Schätze für eine Stadt

Über 1000 Jahre ist es nun her, dass ein junger Adeliger aus Sachsen in der Domschule von Hildesheim lesen, schreiben, rechnen und noch vieles mehr lernte. Bernward war ein gelehriger Schüler, und als sein Onkel ihn am kaiserlichen Hof einführte, bekam er auch prompt die wichtige Aufgabe zugeteilt, die kaiserlichen Urkunden zu verfassen. Die nächsten Jahre zog Bernward mit dem Hof durch ganz Europa. Dabei wurde er auch zum Erzieher des jungen Königs Otto, dem späteren Kaiser Otto III. Der hielt lebenslang große Stücke auf seinen „liebenswerten Lehrer“. Und so verwundert es nicht, dass Bernward später ein mächtiges Amt verliehen bekam: 933 wurde er zum Bischof von Hildesheim geweiht und machte das Bistum groß. Er befestigte den Domhügel mit Mauern und Türmen, schenkte dem Dom kostbare Kunstwerke und ließ die Kirche St. Michaelis bauen, die er zu seiner Grablege bestimmte.

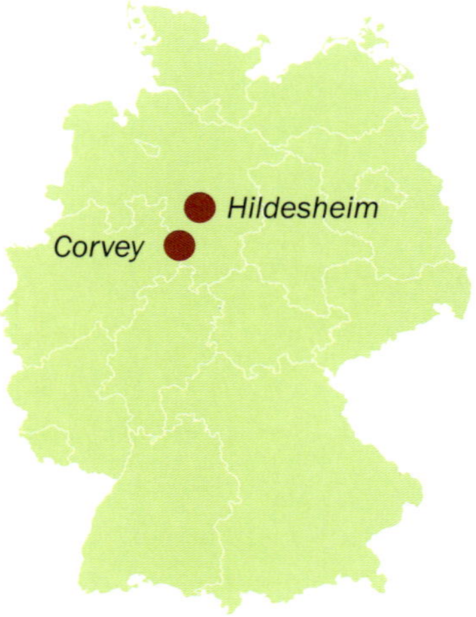

Im Westen des Hildesheimer Doms gibt es eine außergewöhnliche Bronzetür. Auf ihren beiden Türflügeln werden Geschichten aus der Bibel erzählt – nicht etwa in Buchstaben, sondern in Bildern! Das beginnt mit der Erschaffung des ersten Menschens Adam, und endet mit der Himmelfahrt Jesu. Es sind insgesamt 16 Szenen, in denen die Figuren so lebhaft „schalten und walten“ wie die Helden in einem Comic. Das hatte es seit der Spätantike nicht mehr gegeben! Der Künstler ist leider nicht bekannt, aber der Auftraggeber: Das war natürlich Bischof Bernward, nach dem die Tür auch benannt wurde.

Hier siehst du ein Bildnis Bischof Bernwards. Du findest es in dem kostbaren Evangeliar, das Bernward dem Michaeliskloster stiftete. Wie viele andere Kunstschätze aus dem Dom und der Michaeliskirche kannst du es im Hildesheimer Dommuseum ansehen.

Hier siehst du eine der Szenen der Hildesheimer Bernwardtür. Flatternde Gewänder und bewegte Figuren – es geht um Leben und Tod: Kain erschlägt Abel, weil er denkt, dass Gott seinen jüngeren Bruder lieber hat.

Ein Langhaus, zwei Querhäuser, zwei Chöre und sechs Türme – die einzelnen Gebäudeteile der Kirche fügen sich perfekt zusammen. Tatsächlich ist das kein Zufall, sondern funktionierte nach genauem Maß und Plan. Die Michaeliskirche in Hildesheim ist bis heute das Musterbeispiel einer romanischen Kirche, außen wie innen. In ihrer Krypta liegt Bischof Bernward begraben. So stellte er sicher, dass die Mönche nach seinem Tod für sein Seelenheil beten würden.

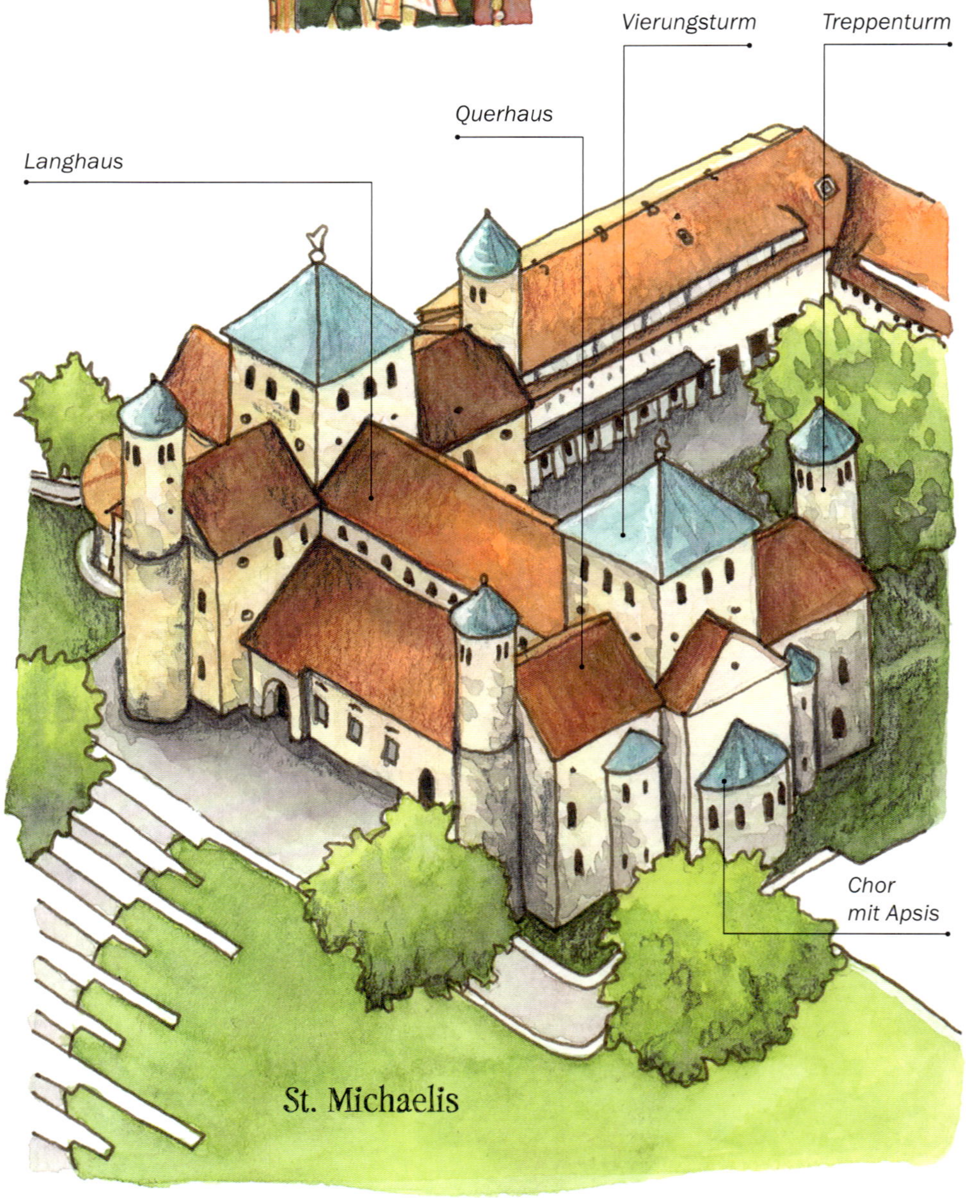

Da staunst du sicher, wie symmetrisch die Kirche gebaut ist, oder? Bischof Bernward weihte die Krypta am 29. September 1015 ein. Aber erst 1033 wurde der gesamte Bau von seinem Nachfolger Bischof Godehard geweiht.

Ein trutziger Zeuge aus großer Zeit

Das ehemalige Benediktinerkloster Corvey liegt am Ufer der Weser und ist durch eine alte Allee mit der Stadt Höxter verbunden. Es erzählt eine spannende Geschichte, angefangen bei den französischen Mönchen, die im 9. Jahrhundert hierherkamen, über die Zerstörung im schrecklichen Dreißigjährigen Krieg bis zum Neubau im Barock. Gegründet wurde das Kloster 822. Damals war es Ludwig der Fromme, der seinen Ausbau nach Kräften förderte – das war schlau. Denn von hier aus hatte der fränkische Kaiser das von seinem Vater Karl dem Großen in vielen blutigen Kriegen eroberte Land der Sachsen gut im Blick. Und die Missionierung des Nordens ließ sich von dort aus auch besser vorantreiben. Corvey wuchs zu einer bedeutenden Klostersiedlung heran, und seine Mönche beschäftigten sich ebenso eifrig wie vielseitig mit frommen und gelehrten Schriften, besonders aus der großen Zeit der Antike. So gewannen Schreibstube und Bibliothek rasch an Ansehen. Genauso wie die Wallfahrt zu den Reliquien des heiligen Vitus. Die hatte man 836 von Paris nach Corvey übertragen. Kloster Corvey war ein echtes Erfolgsmodell!

Das Westwerk ist das Einzige, was von der karolingischen Klosterkirche Corvey übrig geblieben ist. Wie der Name schon sagt, lagert der eigenständige Bauteil im Westen vor der Kirche und ist weit mehr als „nur" ein Turm. Unten gibt es einen Durchgang zur Kirche, oben einen Kapellenraum. Der öffnete sich früher zur Kirche und war kostbar ausgestattet: mit lebensgroßen Stuckfiguren und Malereien. Heute sind davon leider nur Reste erhalten. Und dennoch entdeckt man unter den Malereien etwas Sonderbares: Da kämpft doch tatsächlich Odysseus gegen das Meeresungeheuer Skylla. Was hat denn der berühmte Held aus der Antike in einer christlichen Kapelle zu suchen? Wer nutzte den Raum hier oben überhaupt? Sein Schmuck wäre jedenfalls eines Kaisers würdig gewesen.

Wer noch nie etwas von dem Kinderlied „Alle Vögel sind schon da" gehört hat, kennt aber sicher das „Lied der Deutschen". Zumindest seine dritte Strophe, denn sie wird als deutsche Nationalhymne gesungen. Beide Texte verfasste August Heinrich Hoffmann von Fallersleben, geboren 1798. Seltsamerweise ist der gelehrte Dichter nicht so berühmt wie die Lieder. Liegt es vielleicht daran, dass Fallersleben ein unbequemer Zeitgenosse war und sein Leben sehr unruhig verlief? 1860 kam er als Schlossbibliothekar nach Corvey und verbrachte hier seine letzten Lebensjahre.

Hier siehst du das Westwerk der Klosterkirche in Corvey, gebaut zwischen 873 und 885. Es wurde mehrfach verändert, ursprünglich hatte es drei Türme. Übrigens: So ein Westwerk gab es früher öfter, aber nirgendwo ist es so gut erhalten wie hier.

Jahrelang hat die Wissenschaft das Westwerk in Corvey unter die Lupe genommen. Hier kannst du sehen, wie man sich die Ausschmückung der Kapelle vorstellt.

Die Wiege der Bergbauwissenschaft

Vor über 800 Jahren wurden im Erzgebirge reichhaltige Bodenschätze entdeckt. Ein beeindruckender wirtschaftlicher Aufschwung verwandelte die Bergwildnis auf deutscher und tschechischer Seite in eine Gegend mit Städten, Schacht- und Tagesanlagen sowie einer Industrie, die weltweite Bedeutung erhalten sollte. Silber, Zinn, Kobalt, Eisen und Uran wurden gefördert. Die in den Gruben gewonnenen Bodenschätze wurden in sogenannten Hütten weiterverarbeitet. Auch die Wissenschaft des Bergbaus hat im Erzgebirge ihren Ursprung: Der Sachse Georgius Agricola gilt als ihr Begründer. Im Jahr 1556 erschien sein Werk „De re metallica libri XII“ („Vom Bergwerck zwölf Bücher“), 200 Jahre lang galt es als „Bibel des Bergbaus“. In Freiberg wurde die älteste, heute noch bestehende Bergakademie der Welt gegründet. Fast alle Hütten- und Bergbaubetriebe im Erzgebirge sind inzwischen stillgelegt und bewahren nur noch als Museen die vielen Erinnerungen an eine bewegte Zeit. Allein das älteste Blaufarbenwerk der Welt, das sich in Schneeberg befindet, ist noch in Betrieb. Hier werden aus Kobalterz blaue Farbpigmente gewonnen, die man u. a. für die Porzellanmalerei, Anstrichstoffe oder für das Wäscheblau zum Aufhellen vergilbter weißer Stoffe benötigt.

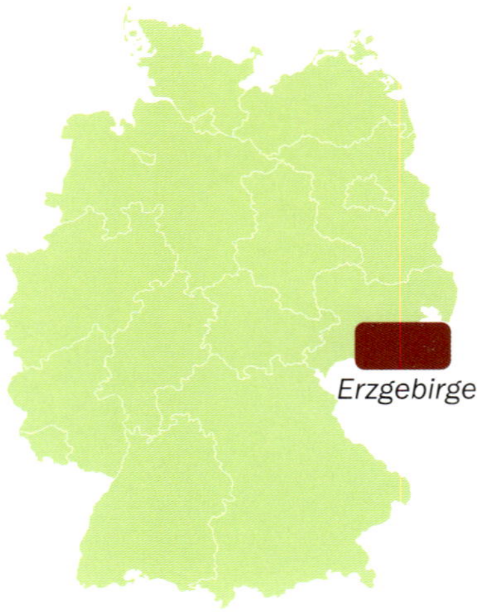

Die Montanregion Erzgebirge siehst du hier als roten Balken, denn sie umfasst nicht nur einen Ort, sondern 22! Auf der deutschen Seite des Erzgebirges, in Sachsen, kannst du 17 Stätten besuchen, auf der tschechischen Seite fünf. Der Bergmannsgruß „Glück auf!“ verbreitete sich übrigens vom Erzgebirge aus als täglicher Gruß in anderen Bergbauregionen. Er spiegelt die Hoffnung wieder, es mögen sich „Erzgänge auftun“.

Ein berühmtes Beispiel für das Verhüttungswesen schon vor der Industrialisierung und damit vor dem Einsatz großer Maschinen ist die Saigerhütte Grünthal bei Olbernhau. Hier wurde silberhaltiges Kupfererz durch das Verfahren des Saigerns – „saiger“ meint in der Bergmannsprache „senkrecht“ – aufbereitet und verhüttet: Durch das Verschmelzen und anschließende Abtropfen mit Blei wurde das Silber aus dem Kupfererz herausgelöst, und so konnten Silber und Kupfer getrennt voneinander gewonnen werden. Aus dem Kupfer wurden Münzen, Gerätschaften sowie Bleche hergestellt. Kupferblech aus der Saigerhütte schmückt noch heute über 400 Dächer berühmter deutscher Bauwerke, zum Beispiel die des Schlosses Charlottenburg und des Pergamonmuseums in Berlin sowie das Dach des Hamburger Rathauses und des Münchener Nationalmuseums.

Die Saigerhütte Grünthal war eine kleine Welt für sich mit Häusern für die Hüttenwerker und ihre Familien, einer Schule und einer Bierbrauerei sowie einer Schutzmauer, die das ganze Anwesen umschloss.

Engel

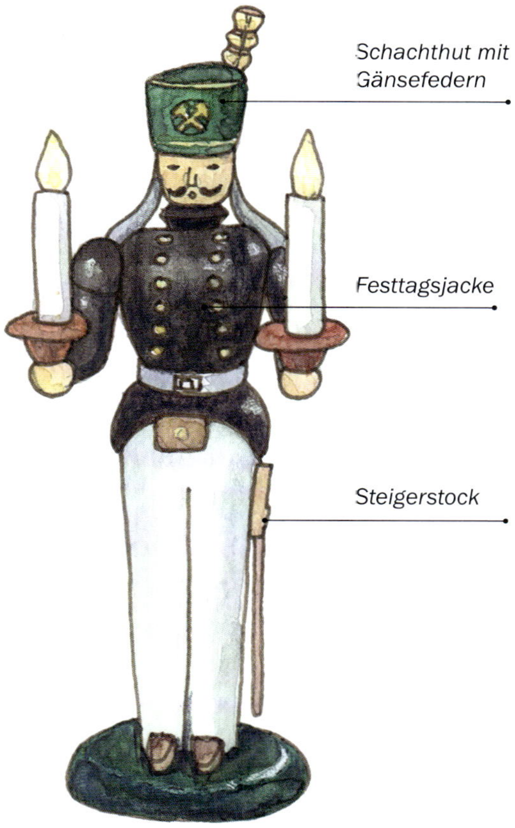

Bergmann

Der unter staatlicher Aufsicht stehende Bergbau beeinflusste die Menschen im Erzgebirge bis in den kleinsten Winkel ihres Alltags. Er gab ihnen Arbeit, regelte ihr Gemeinschaftswesen mit Verordnungen sowie Freiheitsrechten und begleitete sie an Festtagen und im Glauben mit Liedern und Geschichten. Wichtige Impulse, was die Stellung der Bergleute in der Gesellschaft anging, kamen aus dem Erzgebirge: Die Bergordnungen gewährten den Bergleuten besondere Freiheiten. Unter anderem durften sie sich mit ihren Familien niederlassen, wo sie wollten, was in den Zeiten der Leibeigenschaft, die es noch bis ins 19. Jahrhundert gab, nicht selbstverständlich war. Sogenannte Knappschaften waren die politischen Interessensvertretungen der Bergleute, eine Art frühe Gewerkschaften. Sie sorgten auch für Hilfe im Falle von Krankheit, Unfall oder Tod.

Die Kleidung des Bergmanns, das sogenannte Habit, verriet, in welcher Funktion er arbeitete und in welchem Revier. Es gab ein Habit für die Arbeit und eines für Festtage. Das Festtagshabit dieser rechten Holzfigur gehörte dem obersten Bergmann, dem Steiger. Bergmann und Engel sind als Weihnachtsfiguren unzertrennlich.

Ende des 16. Jahrhunderts nahmen die Erzvorkommen im Erzgebirge ab. Viele Bergleute wurden arbeitslos. Doch sie waren erfinderisch und nutzten ihre Fähigkeit, Stein und Holz geschickt zu bearbeiten, für andere Dinge. Was bereits seit Jahrhunderten eine Feierabendbeschäftigung war, wurde nun zum Beruf: Die Bergleute und ihre Familien schnitzten Gebrauchsgegenstände sowie Spielwaren aus Holz und verkauften sie. Später kamen Schwibbögen, Pyramiden, Engel, Räuchermännchen und viele weitere Weihnachtsfiguren hinzu. Dieses mittlerweile weltbekannte Kunsthandwerk hat das Erzgebirge ebenso wie der Bergbau berühmt gemacht. Die aufwendigen Holzarbeiten werden inzwischen mit dem Siegel „Erzgebirgische Volkskunst“ international geschützt. Die Erzgebirgler geben ihre einzigartigen Handwerkstechniken wie das Spanbaumstechen und Reifendrehen immer noch von Generation zu Generation weiter.

Stell dir vor: In so einem kleinen Haus wohnte eine Familie mit sehr vielen Kindern.

Arbeiterhaus

Solch kunstvoll geschnitzte Schwibbögen stehen während der Adventszeit in den Fenstern und leuchten in die Dunkelheit hinaus. Erkennst du, was die Personen, die an den Tischen sitzen, tun? Der Mann schnitzt einen Bergmann aus Holz, und die Frau klöppelt vielleicht ein Spitzendeckchen. Geklöppelt wird mit spindelförmigen Spulen und dünnem Garn auf einem Klöppelsack.

Schwibbogen

Eine Stadt mit Filmkulisse

Bei einem Spaziergang durch die Altstadt Quedlinburgs hat man das Gefühl, in die Zeit der tapferen Ritter und der reichen Kaufleute der Hanse zu reisen. Tatsächlich wurden hier schon häufiger Kinofilme gedreht, die in diesen Zeiten spielen. Quedlinburg gehört zu den wenigen Städten in Deutschland, die von schlimmen Großbränden und dem Bombenhagel der Weltkriege verschont geblieben sind. Im Mittelalter war die Stadt Lieblingsort König Heinrichs I. und seiner zweiten Frau Mathilde sowie seines Sohnes König Otto I., der später sogar Kaiser wurde. Heinrich I. ließ auf dem Schlossberg eine mächtige Kirche und Häuser aus Stein errichten. Später machte Quedlinburg mit interessierten adeligen Damen auf sich aufmerksam: Es wurde berühmt für ein Damenstift, das großen politischen Einfluss besaß. Quedlinburg entwickelte sich zu einer eindrucksvollen Stadt mit einem Rathaus, vier Stadtkirchen und einer vier Kilometer langen Stadtmauer, deren mittelalterlicher Aufbau bis heute erhalten ist. Als es Mitglied der Hanse wurde, zählte Quedlinburg zu den reicheren Verbündeten.

Schon Anfang des 10. Jahrhunderts gab es eine Kirche auf dem Stiftsberg. Doch da Quedlinburg nun Ort wichtiger Hoftage war, wünschte sich der König einen prächtigen Neubau ganz aus Stein. Sankt Servatius galt sogar eine Zeit lang als Hauptkirche des Königreiches! Im Jahr 994 verlieh Otto III., ein Neffe der Äbtissin Mathilde, Quedlinburg dasselbe Marktrecht wie den großen Orten Köln und Magdeburg – und damit also auch das Recht, eine Stadt zu sein. Das Abhalten von Märkten brachte Geld in die Stadtkasse und förderte die Wirtschaft.

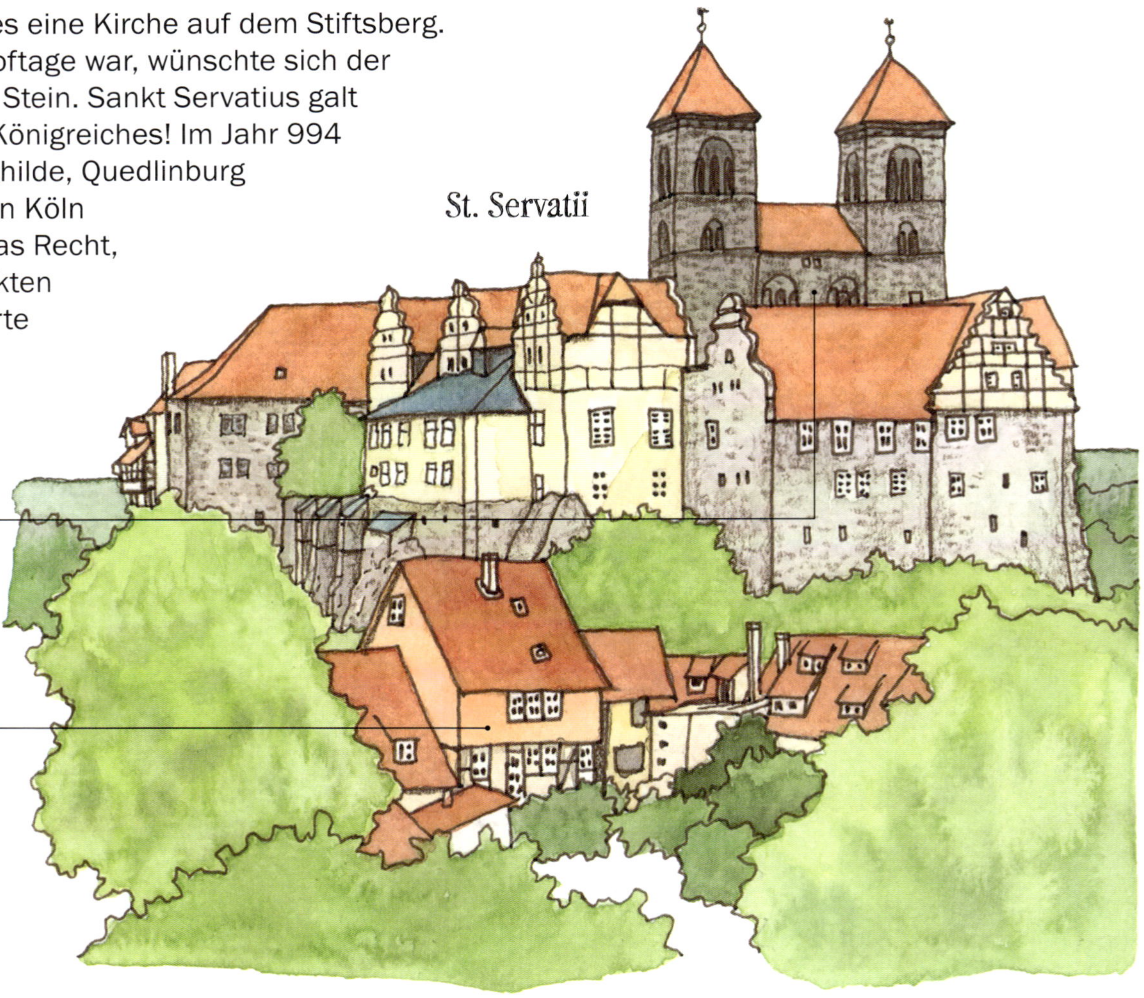

Auf dem Stiftsberg thront die mächtige Kirche Sankt Servatii, in der Heinrich I., seine Frau Mathilde und viele weitere Äbtissinnen begraben liegen.

Mit Holz aus dem Harz wurde das Ständerwerk der Fachwerkhäuser errichtet. Die Leerräume zwischen den Balken wurden mit Flechtwerk aus dünnen Ästen, Lehm und Stroh gefüllt.

Zwei kostbare Teile des Schatzes siehst du hier: einen Buchdeckel und einen von zwei Krügen, in denen Jesus bei der Hochzeit zu Kanaa Wasser in Wein verwandelt haben soll.

In der Kirche Sankt Servatii wird ein prächtiger Schatz aufbewahrt, den die Könige, der Kaiser und die Äbtissinnen des Damenstifts zusammengetragen haben. Mit anderen Kunstschätzen wurde er im Zweiten Weltkrieg in Höhlen versteckt und blieb so zum Glück erhalten, bis die Amerikaner ihn entdeckten. Ein amerikanischer Oberst stahl wichtige Teile des Schatzes und schmuggelte sie in seine Heimat Texas. Erst über 40 Jahre später kam man ihm auf die Spur, und der Schatz konnte nach Quedlinburg zurückkehren.

Wunderschöne, farbenfrohe Fachwerkhäuser am Schlossberg. Spannende Informationen dazu verrät dir das Quedlinburger Fachwerkmuseum.

In Quedlinburg finden sich Fachwerkhäuser aus sechs Jahrhunderten, die einen großartigen Eindruck von der früheren Bauweise vermitteln. Die meisten von ihnen sind in mühevoller Arbeit und nach altem Vorbild von ihren heutigen Besitzern restauriert worden und bestens als Filmkulisse geeignet. Das älteste Fachwerkhaus wurde um 1230 gebaut und ist damit das älteste in ganz Deutschland! Dies haben Untersuchungen der Dendrochronologen an den Dachstühlen ergeben. In dieser Zeit war Quedlinburg bereits zu einer reichen Stadt herangewachsen. Immer mehr Bauern zogen hierher, weil sie sich von der Herrschaft der Gutsbesitzer befreien wollten. Doch auch die Quedlinburger Bürger hatten Ärger mit jemandem, der ihnen alles vorschreiben wollte: mit den einflussreichen Äbtissinnen!

Heinrichs Sohn Otto I. übergab nach dem Tod seines Vaters Quedlinburg seiner Mutter als Witwensitz und gründete auf dem Berg ein Damenstift. Die Enkelin der Königinwitwe, die auch Mathilde hieß, wurde dessen erste Äbtissin. In dem Stift fanden alleinstehende adelige Damen ein sicheres Zuhause und widmeten sich hauptsächlich dem Gebet und dem Andenken an Heinrich I. Die adeligen Damen in Quedlinburg waren allerdings im Gegensatz zu ihren Schwestern in anderen Stiften sehr an Politik interessiert. Sie waren die Herrscherinnen Quedlinburgs und lenkten die Geschicke der Stadt. Die Quedlinburger konnten nichts dagegen tun, denn das Stift besaß große Macht: Seine Äbtissin musste sich nur vom Papst und dem König oder Kaiser etwas sagen lassen.

Stell dir vor: Im oberen Stockwerk des kleinen Turmes gab es einen geheimen Schatzraum!

Quedlinburger Rathaus

Über den Quedlinburger Marktplatz verliefen wichtige Handelsstraßen: von Goslar über Halberstadt nach Tilleda sowie nach Magdeburg, Halle und Leipzig.

Quedlinburger Roland

Der Quedlinburger Roland ist viel kleiner als der Bremer, aber mindestens genauso berühmt! Zum Glück ist er nicht vernichtet, sondern aufbewahrt worden. Schließlich war er für die Quedlinburger ein wichtiges Symbol für ihre Rechte und ihre Freiheit. Im Jahr 1860 fand man seine Einzelteile im Ratskeller. Seit 2013 steht er wieder auf dem Marktplatz.

Eine der berühmtesten Leiterinnen des Damenstifts war Prinzessin Hedwig von Sachsen. Sie kam mit zwölf Jahren in das Stift und wurde kaum ein Jahr später zur Äbtissin gewählt! Natürlich durfte sie das Stift nicht allein leiten, sondern bekam ihren Vater und eine Stiftsdame als Berater an die Seite gestellt. Hedwig war fromm und wohltätig, aber auch machtbewusst. Mit Vollendung des 20. Lebensjahres konnte sie endlich selbstbestimmt handeln. Im Jahr 1477 entbrannte ein heftiger Streit zwischen ihr und den Quedlinburger Bürgern. Diese wollten sich endlich nichts mehr von den Stiftsdamen vorschreiben lassen. Doch dank ihrer Brüder und deren Soldaten gewann Äbtissin Hedwig den Streit. Als Zeichen ihres Sieges wurde die Statue des Rolands – das Symbol für die Stadtrechte! – umgestürzt und in Stücke gehauen. Anschließend musste Quedlinburg aus der Hanse austreten. Doch während und kurz nach dem Dreißigjährigen Krieg erlebte die Stadt einen wirtschaftlichen Aufschwung, von dem viele der erhaltenen Häuser zeugen.

Orangen und ein Park fürs Volk

Im Schloss Oranienbaum in Dessau wohnte einst die Witwe des Fürsten Johann Georg II. von Anhalt-Dessau: die niederländische Prinzessin Henriette Catharina aus dem Hause Oranien-Nassau. Zu dem prächtigen Wohnsitz ließ sie einen großen Park anlegen. Neben einheimischen Pflanzen gab es auch exotische im Garten, vor allem Orangenbäume in Kübeln. Die Orange war nämlich das Wahrzeichen ihrer Familie. Henriettes Urenkel Leopold III. Friedrich Franz, Fürst und Herzog von Anhalt-Dessau, reiste durch Europa und brachte die Idee des englischen Landschaftsgartens mit nach Hause: ein Park, der nicht nur für die Reichen, sondern für das ganze Volk war. So entstand das Gartenreich Dessau-Wörlitz inmitten des heutigen Biosphärenreservats Mittelelbe. Ein Teil davon, in dem nicht nur Oranienbaum und Wörlitz, sondern auch die Schlösser Georgium, Mosigkau und Luisium sowie der Sieglitzer Berg und der Landschaftspark Großkühnau liegen, gehören heute zum Welterbe.

Prinzessin Henriette legte ihren Park für sich und ihre Familie an. Ihr Urenkel wollte aber, dass seine Parks für jedermann offen waren und man beim Spaziergang etwas lernte. Deshalb findest du im Wörlitzer Park ein Theater und sogar einen künstlichen Vulkan!

Hier ist der Baum König

Die Natur war die große Liebe des Fürsten Hermann von Pückler-Muskau. Deshalb nannte man ihn auch „Der grüne Fürst". Nach einer Englandreise beschloss er, Gartenarchitekt zu werden und seine Heimatstadt Bad Muskau mit einem prächtigen Park auf beiden Seiten des Flusses Neisse zu verschönern. Die Landschaft um das Schloss herum wurde vollständig umgekrempelt. Ansonsten richtete der Fürst sich nach der gegebenen Natur, wenn er Wege, Sichtachsen, Plätze zum Verweilen und große Wiesenflächen anlegen ließ. Die Bewohner Bad Muskaus liebten ihren Park und gaben sogar vielen Bäumen Namen. Der kleinere Teil des weitläufigen Parks liegt in Deutschland, der größere in Polen. Doch ohne den einen Teil funktioniert der andere nicht, und so ist der Muskauer Park eine wichtige Verbindung zwischen zwei Ländern, ein Erbe über eine Grenze hinweg.

Der Fürst ließ viele einheimische Bäume anpflanzen – einzeln oder in Gruppen – und schuf damit eine Art Baum-Museum. Gesetzt wurden Exemplare, die gleich mehrere Meter hoch waren. Dafür erfand er extra eine Baumpflanzmaschine!

Ein Wasserschauspiel für den Landgrafen

Im Bergpark Wilhelmshöhe in Kassel gibt es ein einmaliges Schauspiel. Es kündigt sich mit einem Tröten an. Dann stürzt Wasser von oben in die Tiefe: glitzernd, zischend und gurgelnd über Treppen, Becken und Felsen. Schließlich mündet alles in in einer riesigen Fontäne. Zum ersten Mal fand dieses Wassertheater vor gut 300 Jahren statt. Damals regierte hier der barocke Landgraf Carl von Hessen-Kassel. Er hatte viele große Pläne, aber das Wassertheater war wohl sein kühnster: Ein Garten am steilen Berghang mit einem Wasserspiel in gelenkten Bahnen – wer sollte das wagen?

Carl beauftragte den italienischen Baumeister Giovanni Francesco Guerniero. Der hatte zwar Erfahrung im Wasserbau, aber es kostete ihn viel Zeit und Kopfzerbrechen, bis das Experiment gelang. 1714 hatte das Wasser seinen ersten großen Auftritt, dabei wurde es geschickt gelenkt durch unterirdische Röhren. Das war grandios und funktioniert bis heute. Carls Erben bauten den Park aus. Mit Wasserfällen, einer Teufelsbrücke und kühlen Grotten verwandelten sie den barocken Garten in eine wildromantische Parkanlage.

Zwischen 1701 und 1717 entstand hier am Bergpark Wilhelmshöhe die barocke Kaskade mit dem Oktogon, der Pyramide und der Herkules-Statue obenauf.

Stell dir mal vor: Die Statue des Herkules besteht aus 21 einzelnen Kupferteilen. Im Inneren steckt ein Gerüst aus Eisen, das stabilisiert die Figur. Denn hier oben weht es oft stürmisch. Mit dem Sockel ist der Herkules 11,30 Meter hoch. Das entspricht in etwa der Höhe eines Einfamilienhauses.

Landgraf Carl war ein typischer Fürst des Barock. Er führte Kriege, förderte Wirtschaft und Wissenschaft, gründete eine Stadt und plante sogar einen Kanal. Aber er beobachtete auch gern die Sterne und verstand sich aufs Jagen, so wie es in adeligen Kreisen üblich war. Ein starker, weiser und gerechter Herrscher wollte er sein – ein bisschen so wie Herkules, der berühmte Held aus der Antike. Diesem zu Ehren ließ er auf der Spitze seines Bergparks sogar eine Statue errichten. Sie ist imposanter Höhepunkt der Wasserkunst.

In Kassel und Umgebung kannst du noch viel von der großen Baulust des barocken Landgrafen entdecken.

Große Denker und Dichter an einem Ort

Auf Schritt und Tritt begegnet man in Weimar den Spuren vieler bedeutender Menschen. Im 18. und 19. Jahrhundert war die Stadt ein Ort, an dem großartige Dichter und Denker lebten. Sie tauschten ihr Wissen aus und verfassten Literatur und Theaterstücke, die heute weltberühmt sind. Alles begann damit, dass die Herzogin Anna Amalia im Jahr 1772 den Dichter Christoph Martin Wieland als Lehrer und Ratgeber für ihre Söhne verpflichtete. Während der Regentschaft ihres ältesten Sohnes Carl August blühte das kulturelle Leben in Weimar auf. Neben Wieland hinterließen auch der Dichter und Philosoph Johann Gottfried von Herder sowie die Dichter Johann Wolfgang von Goethe und Friedrich Schiller in der Stadt wichtige Zeugnisse ihres Schaffens. Das „Viergestirn von Weimar“ zog weitere Schriftsteller, aber auch Architekten, Maler, Naturforscher und Komponisten an, die für einen spannenden Gedankenaustausch eine Zeit lang in der Stadt verweilten. Doch nicht nur das hinterlassene Erbe dieser berühmten Menschen, sondern auch Gebäude und Parks sind Teil des Welterbes „Klassisches Weimar“, darunter Goethes Wohnhaus sowie sein Garten und das dazugehörige Gartenhaus, die Wohnhäuser Herders und Schillers, die Schlösser Belvedere, Tiefurt und Ettersburg und natürlich die Herzogin Anna Amalia Bibliothek.

Die Schlösser Belvedere, Tiefurt und Ettersburg waren Sommersitze der Weimarer Herzöge und Orte für ein geselliges Miteinander. Goethe und Herzog Carl August zogen sich gerne in die Orangerie des Schlosses Belvedere zurück und führten in den Gewächshäusern naturwissenschaftliche Studien durch. Herzogin Anna Amalia lud auf Schloss Ettersburg und später dann auf Schloss Tiefurt zum Weimarer Musenhof ein. Bei diesen Treffen wurde über Literatur, Politik, Kunst, Geschichte und Natur diskutiert, und man genoss Musik sowie Theateraufführungen. Zu den berühmten Gästen der Herzogin gehörten übrigens auch die Brüder Wilhelm und Alexander von Humboldt.

Christoph Martin Wieland

Der Dichter nahm großen Einfluss auf den jungen Herzog Carl August. Wieland war ein Vertreter der neuen Bewegung Aufklärung: Mithilfe von Experimenten und der Wissenschaften – also „vernünftigem Erforschen und Denken“ – sollte von nun an die Welt betrachtet werden.

Die verwitwete Herzogin Anna Amalia mit ihren Söhnen Carl August (links) und Friedrich Ferdinand Konstantin

Herzogin Anna Amalia

Rokokosaal

Im prachtvollen Rokokosaal der Bibliothek fühlst du dich, als würdest du in das ganze Wissen der Welt eintauchen.

Er war Dichter, Übersetzer, Theologe und Philosoph. Herder kam durch Goethes Vermittlung nach Weimar. Dort schrieb er sein Hauptwerk „Ideen zur Philosophie der Geschichte der Menschheit“ und hatte im Laufe der Zeit unter anderem die Stelle des ersten Pfarrers und des Rektors des Wilhelm-Ernst-Gymnasiums inne.

Ganz besonders im Rokokosaal der Herzogin Anna Amalia Bibliothek spürt der Besucher in einmaliger Weise den Geist der damaligen Zeit wiedererstehen. Die Herzogin hatte sich gewünscht, dass das Grüne Schlösschen zu einem Bibliotheksgebäude umgewandelt wurde. Goethe regte später an, einen Verbindungsbau zwischen der Bibliothek und dem alten Stadtturm zu errichten. Der Turm diente so etliche Jahre als Büchermagazin und wurde durch einen Vorbau erweitert. Die Bibliothek war von Anfang an nicht nur mit vielen wertvollen Büchern ausgestattet, sondern auch mit Ölgemälden, Kupferstichen, Büsten, Globen, Karten und Medaillen. Ein furchtbarer Brand im Jahr 2004 zerstörte leider einen Teil der Bücher und Kunstschätze.

Die beiden Dichter verband eine besondere Freundschaft, die du in Weimar an vielen Orten nachspüren kannst. Das Goethe-und-Schiller-Archiv gilt als „Schatztruhe der Literatur“.

Johann Wolfgang von Goethe lebte bereits 13 Jahre in Weimar, als Friedrich Schiller 1788 in die Stadt kam, um ihn kennenzulernen. Der zehn Jahre ältere Goethe war Jurist, schon ein berühmter Dichter und wurde von Herzog Carl August sehr geschätzt. Der Herzog hatte ihn als Minister an seinen Hof geholt und ihm sogar ein Haus geschenkt. Goethe sah zunächst auf Schiller herab und hatte kein Interesse an einem Kontakt. Schiller war an der Militärschule des Herzogs von Württemberg zum Arzt ausgebildet worden und schrieb bislang nur heimlich, da ihm sein Herzog und Gönner das Schreiben verbot. Deshalb war Schiller aus Württemberg geflohen und auf der Suche nach einer schriftstellerischen Heimat durch das Land gereist. In Jena fand er diese und wurde dort zum Professor für Geschichte ernannt. Bald danach zog Schiller wieder um, diesmal nach Weimar – um möglichst nahe bei Goethe zu sein, denn inzwischen waren sie Freunde geworden.

Schule der Experimente für modernes Wohnen

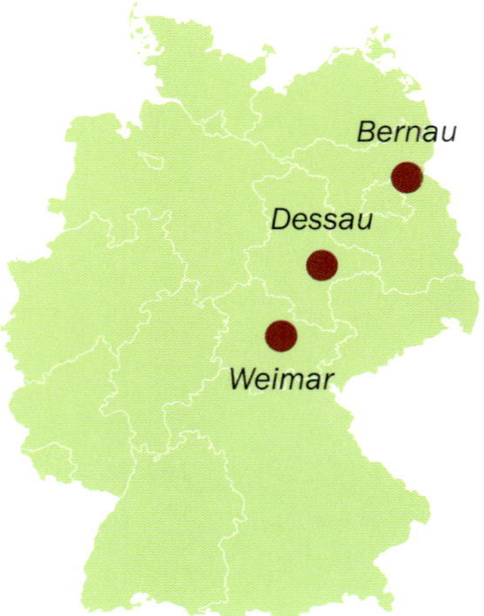

Im 19. Jahrhundert stellte man viele Dinge nicht mehr von Hand, sondern mithilfe von Maschinen her. Das war schneller und billiger. Doch dann kamen Zweifel an der serienmäßig hergestellten Ware auf, denn sie war einfach nicht mehr so schön. Künstler, Handwerker und Kaufleute dachten nun über neue Wege der Herstellung nach. In Weimar holte man sich Rat beim „Alleskünstler“ Henry van de Velde. Der Belgier sollte dem Handwerk auf die Sprünge helfen. Dafür gründete er eine Kunstgewerbeschule und baute ein modernes Schulhaus. Dann brach 1914 der Erste Weltkrieg aus, und van de Velde verließ Weimar. 1919 machte dort eine neue Schule von sich reden, das Bauhaus. Stürmisch warb es mit der Idee, dass Handwerk und Kunst das Leben schöner machen sollten. Nun kamen Lehrer und Schüler von überall her nach Weimar. Sie wollten eine bessere Welt – mit moderneren Möbeln, Bildern und Häusern. So viel Moderne im Klassischen Weimar? Das ging nicht lange gut, und schließlich verlegte das Bauhaus seinen Standort nach Dessau. Hier gingen die Experimente weiter. Bis der Druck, den die Nationalsozialisten auf die umtriebige Schule ausübten, zu groß wurde. Nach einem kurzen Zwischenspiel in Berlin löste sich das Bauhaus 1933 auf. Aber seine Ideale und Erfindungen leben bis heute fort.

Henry van de Velde entwarf Häuser und Möbel.

Henry van de Velde baute zwei Schulhäuser für Weimar: eines für das Kunstgewerbe und eines für die herzogliche Kunstschule. Letztere bekam die tollen großen Atelierfenster, die du hier siehst. Beide Bauten nutzte dann das Bauhaus zwischen 1919 und 1925. Heute ist die Bauhaus-Universität hier zu Hause.

Walter Gropius brachte viele neue Ideen ein.

Noch kurz vor dem Krieg hatte der Architekt Walter Gropius mit seinem gläsernen Fabrikbau in Alfeld für Aufsehen gesorgt. Alle wussten nun, dass ihm modernes Bauen am Herzen lag. Aber er konnte auch andere für seine Ideen begeistern. Das stellte er unter Beweis, als man ihn zum Direktor der neuen Schule berief. Das Staatliche Bauhaus vereinte van de Veldes Kunstgewerbeschule und die alte Kunstschule. „Architekten, Bildhauer, Maler, wir alle müssen zum Handwerk zurück!“, verkündete Gropius forsch und nahm sich die mittelalterliche Bauhütte zum Vorbild. In ihr zeigte sich seiner Auffassung nach, dass Handwerk und Kunst das perfekte Paar bildeten. Am Bauhaus gab es jetzt Werkstätten, Meister und Lehrlinge. Und berühmte Künstler wie Johannes Itten, Paul Klee oder Wassily Kandinsky bauten als Lehrer mit an dieser „Kathedrale der Zukunft“.

Nachdem die Stimmung in Weimar gekippt war, richtete sich das Bauhaus in Dessau ein. Die wachsende Industriestadt passte jetzt auch viel besser zum Bauhaus, denn das hatte inzwischen seine Richtung geändert: Aus „Kunst und Handwerk“ war „Kunst und Technik“ geworden. Neben einer neuen Schule und eigenen Wohnhäusern für die Meister widmete sich Gropius auch dem Experiment „Sozialer Wohnungsbau“. Also alles neu – einschließlich des Lehrplans, der sich jetzt um die Entwicklung von Typen drehte; damit sind Mustervorlagen für Häuser, Möbel, Geschirr und Lampen gemeint. Die Dinge sollten ihren Zweck schön und zugleich schnörkellos erfüllen. Heraus kam, was heute als Bauhaus-Design schlechthin gilt: Möbel aus Stahlrohr und noch vieles andere mehr, das nach dem Bausatz-Prinzip funktioniert.

Bauhausgebäude Dessau

Hinter der Fassade aus Glas liegt der Werkstattflügel der neuen Bauhausschule in Dessau. Entworfen hat sie Walter Gropius. Ebenso wie die benachbart liegenden Meisterhäuser. Die Gebäude sind Beispiele für modernes Lernen, Leben und Wohnen.

Als Hannes Meyer 1928 die Leitung des Bauhauses übernahm, krempelte er einiges um. Dem Architekten ging es viel stärker als Gropius um den Gemeinsinn. Was das heißt? Häuser und Möbel für alle! Meyer dachte dabei besonders an den kleinen Geldbeutel. In den Werkstätten ging man der Sache auf den Grund: Was braucht man überhaupt zum Leben, Wohnen, Arbeiten? Und welche Möglichkeiten stecken schon im Material? So entstanden klappbare Möbel aus Sperrholz, drehbare Lampenschirme, praktische Stecksysteme und die Bauhaus-Tapete. Die war ein Bestseller! Auch Meyer knöpfte sich das Thema Sozialer Wohnungsbau vor. Und erfand mit den Laubenganghäusern in Dessau-Törten praktische, preisgünstige Wohnungen für die vierköpfige Familie. Meyers Gemeinsinn nach dem Motto „Volksbedarf statt Luxusbedarf“ ging vielen jedoch zu weit. 1930 wurde ihm gekündigt. Sein Nachfolger war der berühmte Architekt Ludwig Mies van der Rohe. Er wurde der letzte Direktor des Bauhauses.

Hannes Meyer

Noch im selben Jahr seiner Entlassung vom Bauhaus ging Hannes Meyer nach Moskau.

Am Bauhaus wurde viel und fantasievoll gefeiert, mit Tanz, Musik und Kostümen. Das stärkte die Gemeinschaft und gehörte von Anfang an zum Programm: So gab es zum Beispiel Laternen-, Drachen- Masken- und Weihnachtsfeste.

Bauhaus Denkmal
Bundesschule Bernau

Hier siehst du die Bernauer Bundesschule des Allgemeinen Deutschen Gewerkschaftsbundes (kurz ADGB). Die Gebäude sind eine gemeinsame Arbeit von Hannes Meyer, Hans Wittwer und den Bauhaus-Werkstätten (1928 bis 1930). Ihre modernen Ideen werden ersichtlich, sobald du die Schule betrittst: lernen in kleinen Gruppen, hellen Räumen, und das alles mitten in der Natur. So lässt sich Schule aushalten, oder?

Welterbe erklären und managen

Ein Welterbe kann nicht allein auf sich aufpassen. Deshalb kümmern sich viele Menschen darum. Sie sorgen auch dafür, dass du über das Welterbe informiert wirst. Wir haben zwei dieser Menschen für dich befragt.

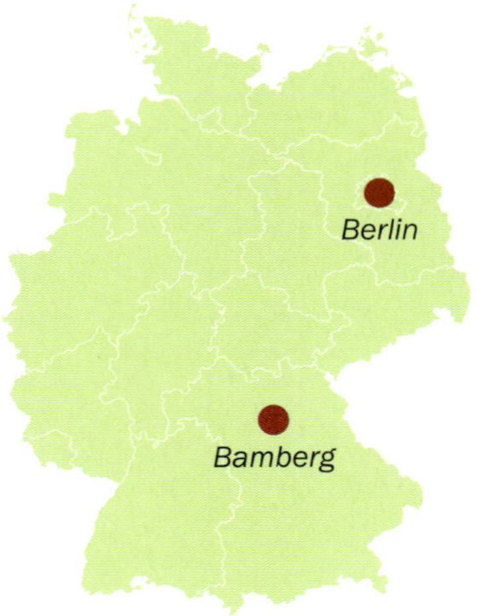

Für dieses Interview reisen wir nach Berlin und fahren mit der U-Bahn an den Stadtrand. Christian Fessel hat sich dem Welterbe „Siemensstadt" angenommen – eine eher verrufene Gegend in der Hauptstadt. Wir sind darum überrascht, wie großzügig und mit wie viel Grün drum herum die Siedlung angelegt ist.

Christian Fessel ist Architekturfotograf, Kameramann und ehrenamtlicher Mitarbeiter für das Welterbe „Siedlungen der Berliner Moderne". Mit großer Fachkenntnis und Leidenschaft nimmt er die Teilnehmer seiner Führungen mit auf die Spuren der großen Architekten, die Gebäudekomplexe in der Siemensstadt errichtet haben.

Was tut der Architekturfotograf und Kameramann Christian Fessel für das Welterbe „Siedlungen der Berliner Moderne"?

Als ein selbst ernannter „ehrenamtlicher" Mitarbeiter erkläre ich Touristen auf Führungen dieses Welterbe. Mit meinen „Mann-mit-Hut"-Führungen durch die Siemensstadt bin ich schon recht bekannt. Den Hut habe ich übrigens gewählt, weil ich das Hochhalten von einem Schirm bei Führungen nicht so gut finde. Außerdem trug ein Mann zu der Zeit, als die Siedlungen gebaut wurden, immer einen Hut!

Wolltest du unbedingt solche Führungen anbieten?

Das war Zufall, auch wenn ich mich schon immer für Stadtgeschichte interessiert habe. Als ich vor ein paar Jahren auf der Suche nach einem neuen Atelier war, bin ich auf die Siemensstadt gestoßen und auf einen ehemaligen Einkaufsladen, der vom Bauhaus-Architekten Fred Fórbat entworfen worden war. Dieser Laden war eine Zeit lang mein Atelier, eine Welterbe-Infostation und ein Treffpunkt. Die Leute vom Welterbe hatten mich gefragt, ob ich hin und wieder Flyer verteile und Fragen beantworte, deshalb hatte sich das so ergeben. Die Welterbe-Infostation hat sich leider wieder aufgelöst, aber ich bin immer noch für das Welterbe unterwegs und biete Führungen an.

Woran arbeitest du gerade?

Ich denke mir neue Führungen aus und bereite mich auf Projekte mit Schulklassen vor. Die Aktion mit den Schulen heißt „Denk mal mit!".

Ist dir schon mal etwas sehr Witziges bei einer Führung passiert?

Bei einer Führung war ein Mann dabei, der sah sehr schlecht gelaunt aus und verschränkte die ganze Zeit die Arme vor der Brust. So als wolle er sagen: „Was du da redest, gefällt mir gar nicht!" Als die Führung zu Ende war, blieb er noch da. Natürlich dachte ich, er will sich jetzt beschweren. Stattdessen sagte er: „Das war die interessanteste und angenehmste Führung, die ich je erlebt habe. Ich werde Sie weiterempfehlen!" Du kannst dir denken, wie überrascht ich war!

Welcher ist dein Lieblingsort im Welterbe?

Die Dachterrasse auf dem Panzerkreuzer!

Wenn du die Möglichkeit hättest, den Architekten Hans Scharoun zu treffen, was würdest du ihn fragen?

„Lieber Herr Scharoun, warum haben Sie es genossen in so einer kleinen Wohnung in der Siemensstadt zu wohnen, wo Sie doch so wohlhabend waren und sich Besseres hätten leisten können?"

Hier siehst du Patricia Alberth. Sie ist die Welterbemanagerin von Bamberg.

Ihr Büro befindet sich im neuen Zentrum Welterbe an der Unteren Mühlbrücke mitten in Bamberg. Ein Ort im „Fluss der Geschichte", denn hier gab es schon früh Mühlen – archäologisch nachweisbar bis zurück in die Zeit von Kaiser Heinrich.

Wir treffen uns im Büro von Patricia Alberth. Das liegt unter dem Dach des neuen Zentrums Welterbe mitten in der Bamberger Altstadt direkt an der Regnitz. Während wir oben miteinander reden, rauscht unten der Fluss.

Hallo, Patricia! Wie setzt du dich für unser Welterbe ein?

Mit dem Welterbetitel hat die UNESCO Bamberg 1993 auch einige Hausaufgaben aufgegeben: Wir müssen unsere alten Gebäude, Straßen und Plätze erhalten und vermitteln, wie wertvoll dieses kulturelle Erbe ist. Das ist meine Aufgabe – in Zusammenarbeit mit vielen engagierten Menschen vor Ort.

Wie schützt du das Welterbe?

Zunächst einmal bin ich bei allen Entscheidungen dabei, die die Altstadt als Baudenkmal betreffen. Soll hier zum Beispiel ein neues Gebäude errichtet werden, erinnere ich daran, dass die alte Bebauung nicht „verletzt" werden darf. Aber Bamberg ist eine moderne Stadt und entwickelt sich ständig weiter. Damit seine Geschichte sichtbar bleibt, braucht es viel Aufmerksamkeit. Deshalb sorge ich dafür, dass die Menschen, die hier leben und arbeiten, regelmäßig zusammenkommen. Das sind die Kolleginnen und Kollegen aus der Denkmalpflege, Stadtplanung, Wirtschaftsförderung, Bildung und dem Tourismus und das ist natürlich die Bamberger Bürgerschaft. Durch den Austausch entstehen oft neue Ideen. Außerdem entwickeln wir Materialien zum Welterbe für Schulen.

Wie bist du Welterbemanagerin geworden?

Ich habe zuerst Wirtschaftswissenschaften studiert und dann Welterbemanagement. Bevor ich nach Bamberg kam, war ich viel für die UNESCO unterwegs, zuerst im Asien-Pazifik-Büro in Bangkok und anschließend im Mutterhaus in Paris.

Woran arbeitest du gerade?

„Biodiversität und Welterbe" ist mein neuestes Projekt. Dabei geht es darum, Lebensräume für Tiere und Pflanzen in der Altstadt zu schützen und zu schaffen. Es könnten zum Beispiel noch viel mehr Vögel in den alten Gemäuern nisten, und auf den Flächen in der Gärtnerstadt wollen wir noch mehr seltene Gemüsesorten anbauen.

Was gefällt dir bei deiner Arbeit?

Ich finde es schön, mit so vielen verschiedenen Menschen zu tun zu haben. Es sind alle Altersgruppen und Fächer vertreten, von der Politik über die Wissenschaft bis hin zur Schule. Besonders bei den Schülerinnen und Schülern stelle ich immer wieder fest, wie sehr ihnen ihre Altstadt am Herzen liegt. Das ist wichtig, denn sie entscheiden, wie das Bamberg von morgen aussehen wird.

Wenn du die Gelegenheit hättest, der mittelalterlichen Kaiserin Kunigunde eine Frage zu stellen, welche wäre das?

Ich würde sie fragen, welche moderne Erfindung sie zur Förderung ihrer Stadt Bamberg nutzen würde.

Welcher ist dein Lieblingsort im Welterbe?

Am liebsten mag ich die vielen verschlungenen Wege entlang der Regnitz.

Ein Mönch, das Wort und viel Wirbel

Es war eine kleine Stadt an der Elbe, die Anfang des 16. Jahrhunderts zum Schauplatz dramatischer Ereignisse wurde. Im Zentrum des Schauspiels stand ein Mönch, der weder Tod noch Teufel fürchtete, dafür aber das Wort Gottes im Ohr hatte. Am Ende war die Kirchenwelt gespalten – in eine katholische und in eine evangelische. Die Rede ist von der Stadt Wittenberg, Martin Luther und der Reformation.

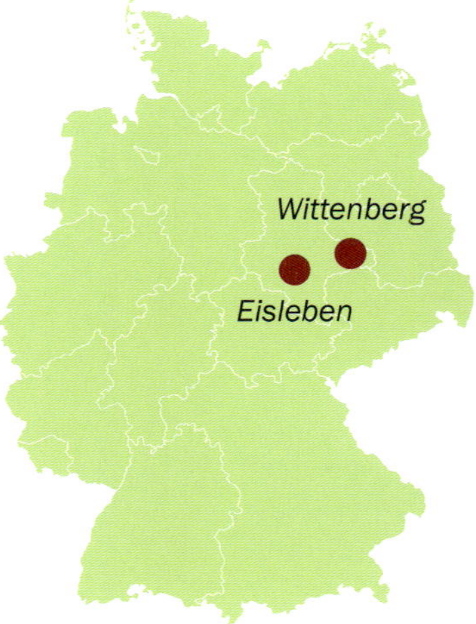

In der Wittenberger Schlosskirche bewahrte Kurfürst Friedrich III. seine große Reliquiensammlung auf. Hier findest du auch sein Grab sowie die Gräber Martin Luthers und Philipp Melanchthons.

Wittenberger Schlosskirche

Kurfürst Friedrich der Weise

Seiner Tatkraft verdankt Wittenberg viel. Und über seinen Gelehrten Martin Luther hielt der fromme Katholik stets seine schützende Hand.

Als sich der sächsische Kurfürst Friedrich III. mit Schloss und Kirche in Wittenberg einrichtete und dazu noch eine Universität gründete, blühte die Stadt auf. Künstler und Gelehrte kamen in die kurfürstliche Residenzstadt an der Elbe – darunter der geschäftstüchtige Maler Lucas Cranach, der wissbegierige Mönch Martin Luther und schließlich der Gelehrte Philipp Melanchthon. Während Cranach massenhaft Porträts und Altarbilder für den Hof malte, erwarb Luther den Doktortitel der Theologie und unterrichtete an der Universität: Er erklärte den Studenten, wie man die Bibel richtig auslegt, und vertiefte sich dabei immer mehr in die Heilige Schrift.

Portal der Schlosskirche

Die Schlosskirche war gleichzeitig auch Universitätskirche; ihre Tür diente als „Schwarzes Brett". Das hat sie berühmt gemacht. Denn hier soll Martin Luther 1517 seine 95 Thesen angeschlagen haben. Daran gibt es zwar Zweifel, aber einen entsprechenden Brief an den Erzbischof von Mainz schrieb Luther auch, und der ist erhalten geblieben. Die originalen Türen verbrannten 1760. Die heutigen stammen aus der Mitte des 19. Jahrhunderts.

In der Wittenberger Stadtpfarrkirche St. Marien predigte Martin Luther oft mehrfach am Tag. Hier findest du auch den berühmten Reformationsaltar von Lucas Cranach, und 1521 feierte man hier den ersten evangelischen Gottesdienst.

Hier wohnte Philipp Melanchthon. Der „Lehrer Deutschlands“ kam mit 21 Jahren als Griechisch-Professor an die Wittenberger Universität.

Das einstige Augustinerkloster war Luthers erste Unterkunft, als er 1508 nach Wittenberg kam. Daran änderte sich auch nichts, nachdem er die ehemalige Nonne Katharina von Bora geheiratet hatte. Sie führten einen großen Haushalt, in dem über Gott und die Welt geredet wurde.

Was passiert nach dem Tod? Für die Menschen bis zur Lutherzeit war das klar: Erst kam das Fegefeuer, in dem man seine Sünden abbüßte, dann das Jüngste Gericht. Welch beängstigende Aussichten! Aber gute Taten, Beichten und Wallfahrten verkürzten die Zeit im Fegefeuer. Und wer kein frommes Leben geführt hatte? Dem versprach die Kirche gegen Geld einen Erlass seiner Sünden. Daraus wurde ein richtiges Geschäft. Martin Luther war besonders dieser Ablasshandel ein Dorn im Auge. Schließlich stand in der Bibel kein Wort davon. Und für ihn hatte das geschriebene Wort mehr Gültigkeit als das, was die Kirche sagte. Er äußerte seine Zweifel öffentlich und hob damit die Welt aus den Angeln. Ungeheuerlich, was sich der kleine Mönch da traute, die große Kirche anzuzweifeln! Aber Luther war nicht mehr zu bremsen. Er bestand auf seinen Thesen und warb dafür, sich allein auf das Wort und den Glauben zu verlassen. Für seine Überzeugungen riskierte er Kopf und Kragen.

Luthers Leben begann und endete in Eisleben. Hier wurde er am 10. November 1483 geboren und tags darauf in der St.-Petri-Pauli-Kirche getauft. Seine letzten vier Predigten hielt der Reformator auch in Eisleben, in der Kirche St. Andreas, bevor er am 18. Februar 1546 starb.

Im Museum „Luthers Geburtshaus“ in Eisleben erfährst du, wer die Eltern Martin Luthers waren, was sie taten, wie sie lebten und warum sich ihr berühmter Sohn der Stadt zeitlebens verbunden fühlte. Das Haus selbst ist zwar nicht das echte Geburtshaus, aber es steht an seiner Stelle.

Im Museum „Luthers Sterbehaus“ erfährst du, warum sich Luther mitten im eiskalten Winter auf den Weg in seine Heimatstadt machte, mit wem er dort zusammentraf, wer ihm zuletzt beistand und was er kurz vor seinem Tod betete. Auch von der späteren Verwechslung dieses Hauses mit dem echten Sterbehaus am Markt, das 1517 abgerissen wurde, ist die Rede.

Viele Legenden um eine Burg

Wenn von der Wartburg bei Eisenach die Rede ist, gehen Wahrheit und Legende gern durcheinander. Dass sich hier im Mittelalter berühmte Dichter aufhielten, ist wahr. Dass sie um die Wette sangen und stritten, gehört zur Legende. Genauso wie das Rosenwunder der barmherzigen Landgräfin Elisabeth oder die Geschichte vom Tintenfass, das der Reformator Martin Luther nach dem Teufel geworfen haben soll. Es sind Geschichten einer berühmten Burg, die lange in Vergessenheit geriet. Bis sie Johann Wolfgang von Goethe wiederentdeckte. Bald darauf, 1817, trafen sich dort 500 Studenten mehrerer deutscher Universitäten, um den 300. Jahrestag des Thesenanschlags Martin Luthers zu feiern. Was für ein passender Anlass, um lautstark ein geeintes Deutschland zu fordern! Und schließlich machte sich der junge Großherzog Carl Alexander von Sachsen-Weimar-Eisenach daran, die verfallene Burg zu retten. Er erneuerte sie nach dem romantischen Geschmack der Zeit. Dazu steuerte der Maler Moritz von Schwind farbenfrohe Wandbilder bei. Sie erwecken die alten Legenden zu neuem Leben!

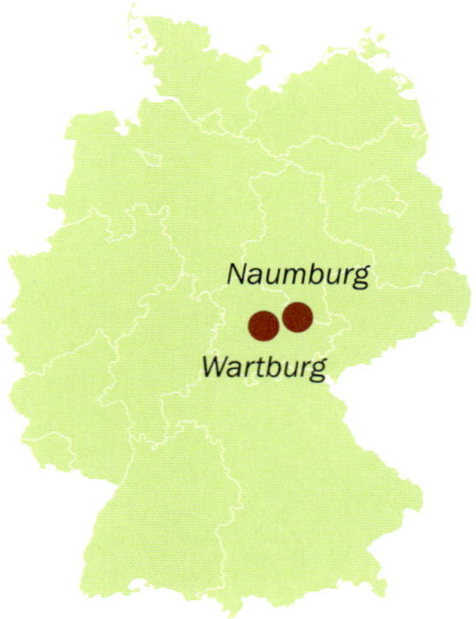

Im Jahr 1206 soll Landgraf Hermann I. die berühmtesten Dichter zum „Sängerstreit" auf die Wartburg eingeladen haben.

Martin Luther saß 1521 bis 1522 als „Junker Jörg" auf der Wartburg fest.

Stell dir vor: Die ungarische Prinzessin Elisabeth kam schon 1211 als kleines Mädchen auf die Wartburg, heiratete den Thüringer Landgraf Ludwig IV. und kümmerte sich um Arme und Kranke. Später sprach man sie dafür heilig.

1777 kam Johann Wolfgang von Goethe auf die Wartburg und fand Gefallen an ihrer langen und besonderen Geschichte.

Martin Luther widerrief seine neuen Lehren nicht, deshalb verstießen ihn Papst und Kaiser. Nun galt er als „vogelfrei", das bedeutete, jeder durfte ihn töten, ohne eine Strafe befürchten zu müssen. Da griff Luthers Beschützer Friedrich III. zu einem Trick. Er ließ den Mönch überfallen – natürlich nur zum Schein – und auf die Wartburg bringen. Dort hielt Luther sich unter dem Namen „Junker Jörg" versteckt und übersetzte das Neue Testament ins Deutsche. Das war zwar nicht der erste Versuch, aber keiner hatte bis dahin so verständliche und schöne Worte gefunden wie Martin Luther.

Vieles, was du auf der Wartburg siehst, stammt aus dem 19. Jahrhundert. Aber natürlich nicht alles. Die Burg ist ja eigentlich viel älter. Ihr steinerner Ausbau begann im 12. Jahrhundert mit dem Palas. Das war die prächtige Wohnung des Burgherrn. Aber auch an den Wehrmauern und in der Vorburg erkennst du die verschiedenen Zeiten des Mittelalters.

Ort der Erinnerung

Der Naumburger Westchor mit seinen farbigen Glasfenstern und lebendigen Figuren entstand um 1250. Über den Bildhauer, der hier sein großartiges Hauptwerk hinterließ, weiß man leider nichts Genaues; eine Spur führt auf jeden Fall zurück nach Mainz. So gab man dem großen Unbekannten erst mal einen Notnamen: „Naumburger Meister". Heute ist man sich sicher, dass es sich dabei nicht nur um einen Meister, sondern um eine ganze Werkstatt handelte.

Dort, wo der Fluss Unstrut in die Saale mündet und die Mönche schon im Mittelalter Wein anbauten, liegt die Stadt Naumburg. Sie ist berühmt für ihren mittelalterlichen Dom. Der ist sehr gut erhalten, ebenso wie der Kreuzgang, der Domgarten und die Wohnhäuser der Domherren. Die Kirche St. Peter und Paul hat zwei Chöre: einen im Osten und einen im Westen. Im Ostchor trafen sich Bischof und Domherren zur Messe und zum täglichen Stundengebet. Und im Westchor? Versammelte sich eine Gemeinschaft ganz anderer Art und Herkunft: Hier stehen zwölf lebensgroße Figuren aus Sandstein. Es sind aber keine Heiligen, wie das an diesem besonders heiligen Ort eigentlich zu erwarten wäre, sondern schöne Gräfinnen und tapfere Grafen. Das ist ungewöhnlich! Paarweise oder allein treten diese Frauen und Männer auf, manche scheinen geradezu überwältigt von ihren Gefühlen. Der eine ist verschreckt, die nächste amüsiert, der dritte bekümmert, die vierte gibt sich unnahbar. Welches gemeinsame Schicksal führte sie hier in den Westchor des Naumburger Doms?

Das sind Uta von Ballenstedt und Ekkehard II., Markgraf von Meißen. Es ist besonders die Figur der Uta, die die Menschen beeindruckt. Tatsächlich entging auch dem amerikanischen Filmemacher Walt Disney ihre eigenwillige Schönheit nicht. Er schuf Schneewittchens böse Stiefmutter nach ihrem Vorbild.

Tatsächlich bilden die Steinfiguren im Naumburger Westchor Personen aus dem echten Leben ab. Sie alle hatten das Bistum bei seiner Entstehung reich beschenkt, und zum Dank wollte man die Erinnerung an sie lebendig halten. Nahmen die Bildhauer diesen Wunsch wortwörtlich? Ihre Figuren wirken jedenfalls so lebensecht, als hätten ihnen die realen Vorbilder Modell gestanden. Das ist aber unmöglich, denn die Stifter waren zu dem Zeitpunkt schon rund 200 Jahre tot.

Die schönste Zeche der Welt

Die Zeche Zollverein im Norden der Stadt Essen ist eines der größten Industriedenkmäler Europas und zählte in ihrer Blütezeit zu den größten Steinkohlebergwerken der Welt. Sie hat eine spannende Geschichte zu erzählen: von der Entwicklung der Industrie im Ruhrgebiet und von den Menschen, deren Lebensmittelpunkt sie war. Gegründet wurde die Zeche von dem Unternehmer Franz Haniel, der mehrere Genehmigungen zum Abbau von Kohle aufkaufte. Ohne die durfte nämlich nicht nach Kohle geschürft werden. Ein Schacht nach dem anderen wurde in die Tiefe gegraben, um die Kohle, das „schwarze Gold", ans Tageslicht zu holen. Über große Gänge, Strecken genannt, wurden die Kohle, das Arbeitsmaterial und die Bergleute transportiert. Von den Strecken zweigten kleinere Gänge ab, die Streben. In den Streben wurde die Kohle abgebaut. Es war eine eigene Welt dort unter der Erde. Die Arbeit war zwar recht gut bezahlt, jedoch auch hart und gefährlich. Jeder musste sich auf den anderen verlassen können. Deshalb sind die Bergleute eine besonders verschworene Gemeinschaft – bei der Arbeit und in ihrer Freizeit. Im Jahr 1986 wurde die Zeche Zollverein endgültig stillgelegt. Schacht XII ist noch in Betrieb und wird zur Wasserstandshaltung genutzt. Während „unter Tage", also unter der Erde, der Betrieb fast vollständig ruht, wird „über Tage" wieder fleißig gearbeitet. Und es gibt viel Spannendes zu entdecken und zu erleben.

Bergmann

Der Schacht XII wurde als letzter Schacht gegraben – 1040 Meter tief! Er sollte das an Kohle fördern, was mehrere Schächte vorher zusammen geleistet hatten. Nach seiner Fertigstellung förderte die Zeche Zollverein so viel Kohle an einem Tag, wofür sonst vier Bergwerke nötig gewesen wären! Schacht XII war eine Sensation: Zum ersten Mal liefen in einer Zeche die Arbeiten tagsüber vollautomatisch. Doch nicht nur die Leistungsstärke war beachtlich, sondern auch die Architektur: Die Gebäude besitzen einfache Formen wie Würfel und Quader und sind so beeindruckend angeordnet, dass die Zeche Zollverein als schönste Zeche weit und breit gilt. Schacht XII wurde Vorbild für viele weitere Zechen und zieht noch heute Bewunderer aus aller Welt an.

Ohne Lampe, Helm und Henkelmann, in dem sich das Essen befand, ging kein Bergmann „unter Tage". Die Schutzpatronin der Bergleute ist die heilige Barbara.

Über Schacht XII thront ein 54,40 Meter hohes Fördergerüst, das zum Symbol für die Zeche und die ganze Region wurde. Zwei Fördermaschinen trieben vier Förderkörbe an, die mit einer erstaunlichen Geschwindigkeit von 17 Meter pro Sekunde liefen.

Die Zeche Zollverein wurde nach dem Deutschen Zollverein benannt, der große und viele positive Veränderungen bewirkt hatte. Das sollte die Zeche für die Gegend und ihre Bewohner nun ebenfalls tun.

Schacht XII

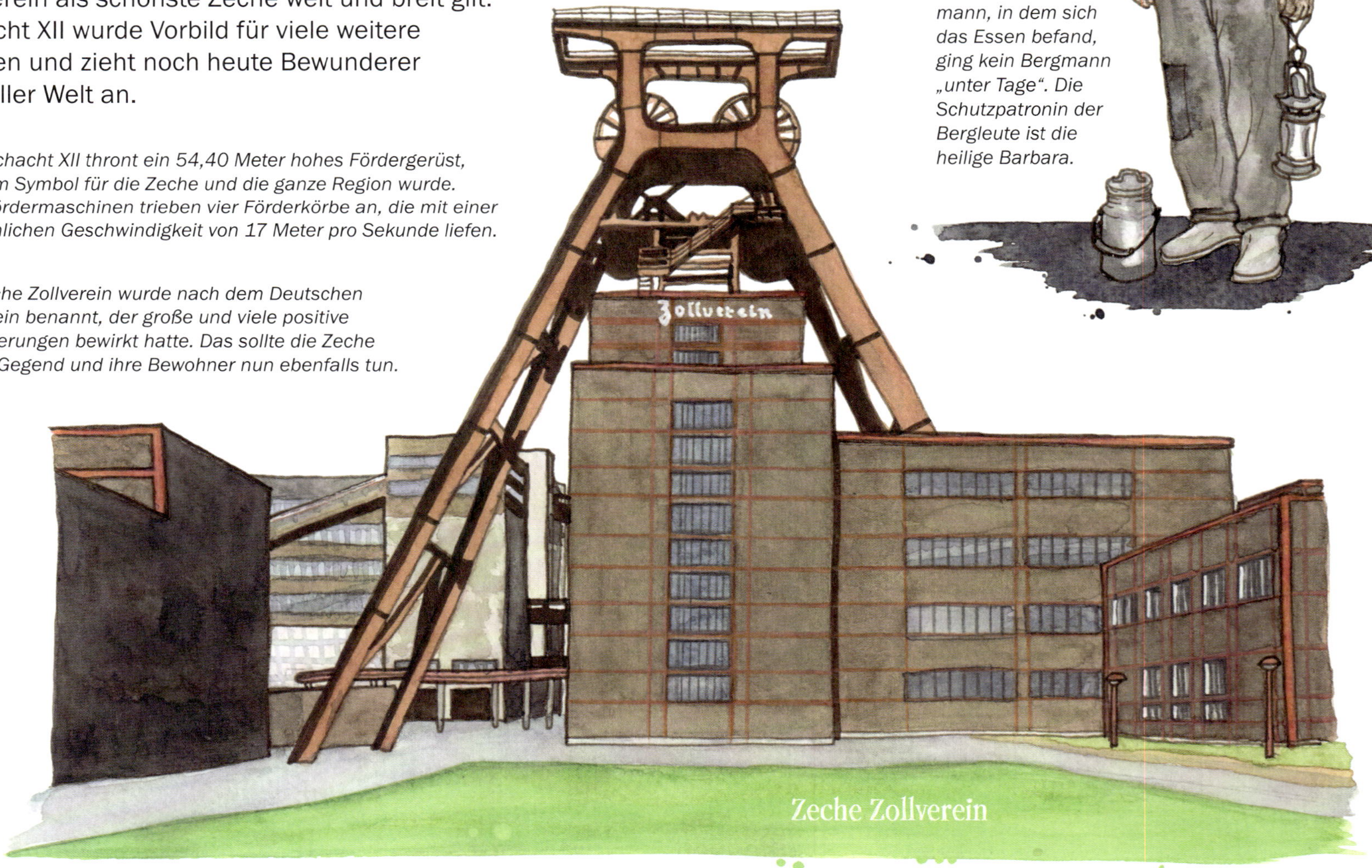

Zeche Zollverein

Eine Kuppel für den großen Herrscher

Der berühmte Frankenkönig Karl der Große kam gern in das alte Winterquartier seines Vaters nach Aachen. Dort gab es tiefe Wälder zum Jagen und heiße Quellen zum Baden. Beides liebte der mächtige Herrscher. So ließ er in den 790er-Jahren Aachen zur Pfalz ausbauen: mit einer Königshalle und einer Kapelle, Wohn- und Wirtschaftsgebäuden. Das war ein riesiges Bauunternehmen! Aber was ist das eigentlich, eine Pfalz? Im Mittelalter gab es keine Hauptstadt, sondern der König zog von Ort zu Ort, um seine Rechte und Pflichten wahrzunehmen. Dabei begleitete ihn sein Hof – das waren viele Menschen, die natürlich auch essen und schlafen mussten. Dazu dienten die Bauten der Pfalz. Aber nicht nur das: Hier empfing der König Gesandte und andere Herrscher, hielt Gericht und beging die Kirchenfeste. Die Pfalz war also ein Ort der Macht- und Religionsausübung! Noch heute findet man in Aachen Spuren von Karls Pfalz, zum Beispiel im Rathaus. Das steht dort, wo früher die Königshalle war. Am besten erhalten ist jedoch die Kapelle – sie bildet den Kern des Aachener Doms. Achteckig ist ihre Grundform, und obenauf thront die erste und höchste Kuppel nördlich der Alpen seit der Antike. Schon zu Lebzeiten Karls pries man die Aachener Pfalzkapelle als Wunderwerk.

Stell dir vor: Die Kuppel der Aachener Pfalzkapelle ist 31 Meter hoch! Das war unfassbar hoch in der damaligen Zeit, schließlich war man nur kleine Hütten gewöhnt.

Karl stattete seine Kapelle kostbar aus – mit Gold und Silber und Säulen aus antiken Bauten. Heute sind die Säulen zwar nur noch teilweise original, aber stell dir mal vor: Karl ließ sie extra aus Rom und Ravenna holen! Das behauptet jedenfalls sein Biograf Einhardt. Die acht Bronzegitter ließ Karl in Aachen gießen – aber ebenfalls nach antikem Vorbild.

Karl der Große herrschte über ein gewaltiges Gebiet – das reichte von der Nordsee bis nach Süditalien. Er war ein kaltblütiger Kriegsherr, aber er wusste auch, dass Bildung für den Erhalt seines großen Reiches sehr wichtig war. Deshalb förderte er Wissenschaften und Künste, berief Gelehrte an seinen Hof, ließ Klosterschulen gründen, antike Schriften kopieren und vereinheitlichte die Schrift.
Bei allem, was Karl tat, war die Antike sein großes Vorbild.

Karl der Große

An Weihnachten 800 krönte der Papst Karl in Rom zum Kaiser. Damit war er der erste westeuropäische Herrscher seit der Antike. Seine Gebeine liegen im berühmten Karlsschrein im Aachener Dom.

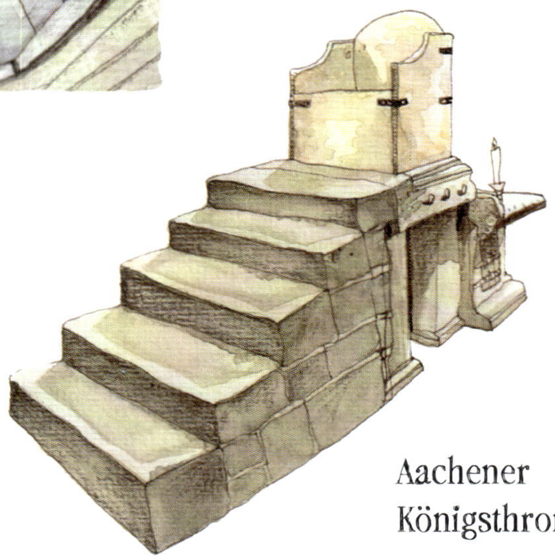

Aachener Königsthron

So steinhart und karg hast du dir einen Thron sicher nicht vorgestellt, oder? Der berühmte Aachener Thron stammt aus karolingischer Zeit, die Marmorplatten des Sitzes sind antik. 936 ließ sich Otto I. in Aachen krönen, 30 weitere Könige folgten ihm.

Eine Kathedrale für den Schatz

Der Kölner Erzbischof Konrad von Hochstaden legte 1248 den Grundstein für einen neuen Dom. Damit begann das Abenteuer. Tatsächlich waren die Pläne des berufenen Baumeisters Meister Gerhard sogar weit mehr als abenteuerlich – sie waren sensationell! Der Baumeister hatte sich die französischen Kathedralen zum Vorbild genommen, sie waren damals die gewagtesten weit und breit. Aber warum sollte das in Köln nicht auch möglich sein? Gesagt, getan. Man riss den Alten Dom nach und nach ab. Dabei gab es eines Tages einen schlimmen Brand. Trotzdem ging es mit dem Neubau zügig voran. Bald überragte ein hoher Chor die Stadt. Als er fertig war, baute man an den Türmen weiter, bis um 1520 Geldnot die Baustelle stilllegte. Oder war die Gotik aus der Mode gekommen? Ein riesiger Chor im Osten und ein Turmstumpf mit Kran im Westen – so vergingen rund 300 Jahre, bis man im romantischen 19. Jahrhundert wieder von Mittelalter und Gotik träumte. Man gründete einen Verein, sammelte viel Geld, und 1880 wurde der Kölner Dom doch noch fertiggestellt. Dass ihn seine Bauweise französischer als französisch aussehen lässt und er trotz der langen Bauzeit wie aus einem Guss wirkt, macht ihn so besonders.

Stell dir vor: Der Kölner Dom war bei seiner Fertigstellung 1880 das höchste Bauwerk der Welt. Seine Türme sind 157 Meter hoch.

Das Herz der lebendigen Stadt Köln schlägt am Dom – daran hat sich bis heute nichts geändert; obwohl ihm das moderne Leben ganz schön auf den Leib gerückt ist.

Im Mittelalter verehrte man die Überreste von Heiligen, weil man glaubte, sie besäßen heilende Kräfte. Schon der Splitter eines Knochens sollte wahre Wunder wirken. Dafür nahm man lange, beschwerliche Reisen auf sich. Der Kölner Erzbischof war 1164 in den Besitz der Gebeine der Heiligen Drei Könige gelangt. Ein kostbarer Schatz, der viele Wallfahrer nach Köln lockte. Deshalb brauchte man auch einen größeren Dom. Für die königlichen Gebeine fertigte Goldschmied Nikolaus von Verdun eine besondere Truhe an, den Schrein der Heiligen Drei Könige.

Findest du nicht auch, dass der Schrein selbst wie eine kleine Kirche aussieht? Er ist der wertvollste Schatz im Dom, mit Silber- und Kupferblech beschlagen und mit Edelsteinen besetzt. Entstanden ist er zwischen 1190 und 1230.

Zwei Schlösser für den Erzbischof

Die Stadt Brühl beherbergt zwei zauberhafte Schlösser des 18. Jahrhunderts: Augustusburg und Falkenlust. Die Namen sind Programm: Es war der Kölner Erzbischof Clemens August, der die alte Burg der Bischöfe und Kurfürsten in eine heitere Sommerresidenz verwandelte, Augustusburg eben. Dazu kam Schloss Falkenlust, benannt nach dem Hobby des kunstliebenden Erzbischofs, der Falkenjagd. So viel Luxus und Vergnügen für einen Mann der Kirche – wie passt das zusammen? Clemens August war nicht nur Erzbischof, sondern auch Kurfürst. Das heißt, er mischte mit in der großen Politik, durfte sogar den König mitwählen. Deshalb waren Feste und Jagdgesellschaften nicht nur reines Vergnügen, sondern gesellige Pflicht. „Sehen und gesehen werden“ – so lautete das Motto, und als Hausherr wollte man seine Gäste nach Kräften beeindrucken. Das gelang Clemens August mit Augustusburg! Er beauftragte die besten Baumeister, Stuckateure, Maler und Gärtner seiner Zeit, und so entstand hier ein echtes Juwel des Rokoko. Festliches Lustschloss und herrschaftliche Residenz zugleich!

Hier steht eine vergoldete Büste des Hausherrn.

Das Treppenhaus gehört zum Barockschloss wie der prunkvolle Auftritt des Hausherrn. In Augustusburg fiel es besonders prachtvoll aus. Kein Wunder, entworfen hat es Balthasar Neumann. Der Baumeister verstand sich auf herrschaftliche Treppenanlagen. Und an der Decke malte der Italiener Carlo Carlone ein Bild, das dich ziemlich an der Nase herumführt. Du denkst, es sei rund und gewölbt, tatsächlich ist es aber flach und viereckig.

Mit der Jagd vertrieb sich der Adel schon immer gern die Zeit. Dabei galt die Falkenjagd als besonders hohe Kunst, und Clemens August war ein leidenschaftlicher Falkenjäger. Er richtete die Vögel sogar selbst ab. So ließ er sein Jagdschlösschen direkt in die Flugschneise von Reihern bauen, denn das waren die Beutetiere der Falken. Man ließ die Greifvögel aufsteigen und beobachtete von der Dachterrasse des Schlosses aus, wie die Vögel miteinander kämpften.

In Falkenlust traf nur die kleine Gesellschaft zusammen und nicht der ganze Hof wie in Augustusburg. Deshalb ging es hier auch viel lockerer zu. Gelegentlich nutzte Clemens August das Schloss wohl auch für geheime Verhandlungen.

Schloss Falkenlust

Clemens August I.

Hier siehst du Clemens August in der Tracht der Falkenjäger. Der Kölner Erzbischof und Kurfürst ließ sich nicht nur gern feiern, sondern verbrachte auch viel Zeit mit der Jagd. Und das, obwohl er als „Herr der fünf Kirchen“ gleich mehrere Bischofssitze zu verwalten hatte.

Der romantische Rhein

Der mächtige Strom Rhein grub sich im Laufe der Jahrmillionen, die er existiert, durch so manch hartes Gestein und verwandelte die Landschaft an seinen Ufern in etwas ganz Besonderes. Die Römer nannten ihn Rhenus Pater – „Vater Rhein“. Er hat viel gesehen in seinem langen Dasein: Der Rhein ist seit ewigen Zeiten einer der wichtigsten Transportwege in Europa und ein Ort, an dem Sagen wie die der schönen Loreley noch lebendig sind. Nicht nur unter der Besatzung Germaniens westlich des Rheins durch die Römer war der Rhein eine nasse Grenze, auch in der Zeit Napoleons trennte er Frankreich und Deutschland. Erinnerungen an Kriege werden hier genauso bewahrt wie die Spuren der Ritter und der späteren Bewunderer des Rheins. Am Flusslauf des Oberen Mittelrheintals, der von Bingen und Rüdesheim bis nach Koblenz führt, liegen unglaublich viele Burgen, zahlreiche Orte, Weinberge und naturbelassene Flusswiesen. Auch dieses harmonische Miteinander von Natur und Mensch macht die Landschaft dort so besonders.

Kurfürsten und Adelige des Mittelalters und auch der ein oder andere Raubritter erkannten, dass die Felsen und Berge am Oberen Mittelrheintal sich nicht nur sehr gut für den Bau eines leicht zu schützenden Zuhauses eignen, sondern auch für die Kontrolle von Reisenden zu Land und zu Fluss und damit für die Einnahme von Wegzoll. So entstanden in der Zeit viele der berühmten Burgen entlang des Flusslaufs.

Als das Rheinland im Jahr 1815 nach der endgültigen Niederlage Napoleons an Preußen fiel, entdeckte die preußische Königsfamilie ihre Liebe zu dieser besonderen Landschaft mit ihren zahlreichen Burgen und machte das Obere Mittelrheintal nachträglich zum Wahrzeichen des europäischen Mittelalters. Das Königshaus, Adelige und später reiche Industrielle erneuerten Schlösser und Burgen am Rhein oder bauten sogar neue. Bis ins späte 19. Jahrhundert blühte die Rheinromantik in der Kunst, Literatur und Musik. Die Denkmäler, die später an seinen Ufern zur Erinnerung an furchtbare Kriege errichtet wurden, gehören inzwischen ebenso zu den Besonderheiten am Rhein wie die vielen industriellen Häfen.

Der Rhein entspringt im schweizerischen Kanton Graubünden. Stell dir vor: Vor etwa 30 Millionen Jahren nahm er einen etwas anderen Weg und mündete schon bei Bonn ins Meer. Heute mündet er nach 1 232,7 Kilometern an der niederländischen Küste in die Nordsee.

Ein Fenster zur Urzeit

Noch älter als der Rhein ist die Grube Messel. Vor etwa 48 Millionen Jahren bildete sich dort aufgrund eines Vulkanausbruchs ein See. Auf dem erkalteten Gestein, das der Vulkan an die Erdoberfläche gespuckt hatte, wuchsen bald Bäume, Farne und viele blühende Pflanzen. Tiere suchten und fanden hier ein Zuhause. Fische schwammen im Wasser, Frösche quakten auf Seerosenblättern, Vögel schwirrten in der Luft umher. Die kleinen Urpferde lebten dort, und sogar größere Reptilien schlichen durch das Grün am Rande des Sees. Woher man das so genau weiß? Weil all diese Tiere und Pflanzen dort gefunden wurden! Den Messeler See gab es eine Million Jahre – das ist außergewöhnlich lange für einen See. Normalerweise „verlanden" Seen nach und nach durch Gestein und Sand, die hineingeschwemmt werden, und verschwinden nach etwa 10 000 Jahren wieder. Heute erobert sich die Natur die Grube als neue Heimat für gefährdete Tier- und Pflanzenarten wieder zurück.

Fossil eines Käfers

Schmetterlinge und prächtige Käfer wie dieser hier flatterten und schwirrten damals in der Luft herum.

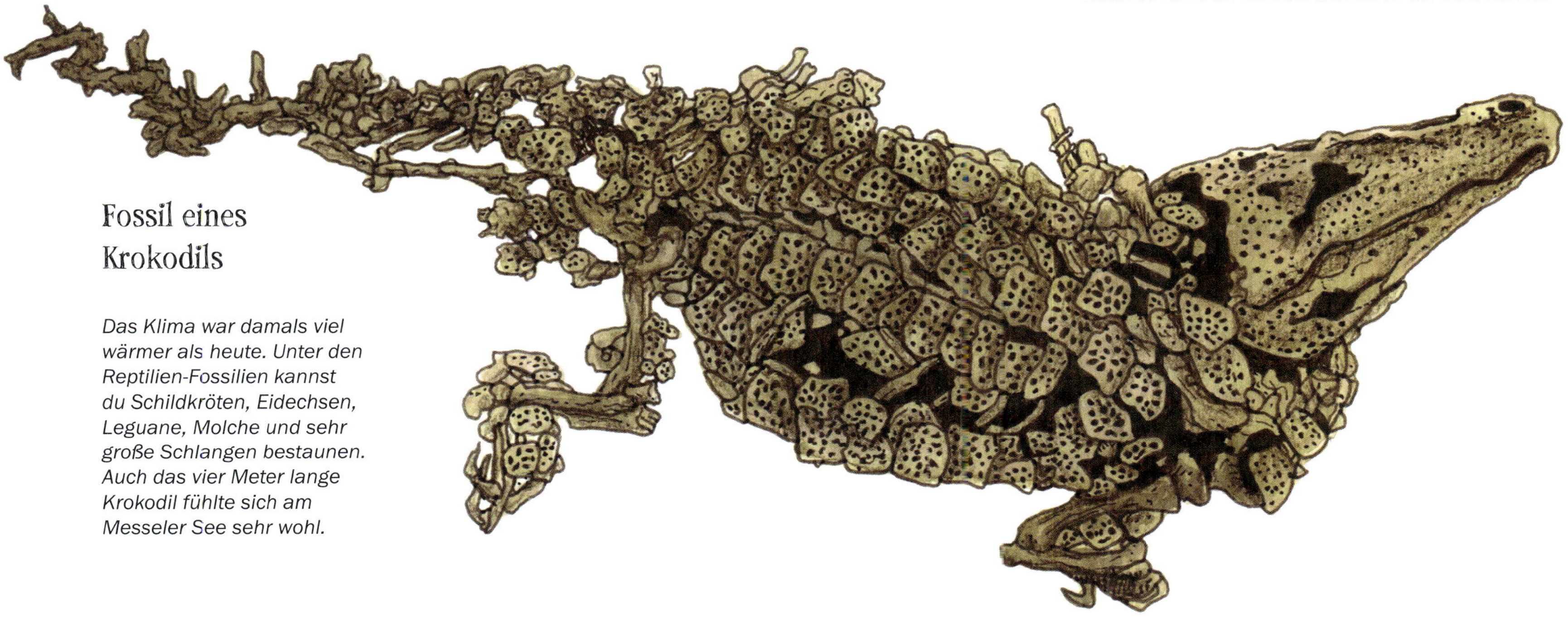

Fossil eines Krokodils

Das Klima war damals viel wärmer als heute. Unter den Reptilien-Fossilien kannst du Schildkröten, Eidechsen, Leguane, Molche und sehr große Schlangen bestaunen. Auch das vier Meter lange Krokodil fühlte sich am Messeler See sehr wohl.

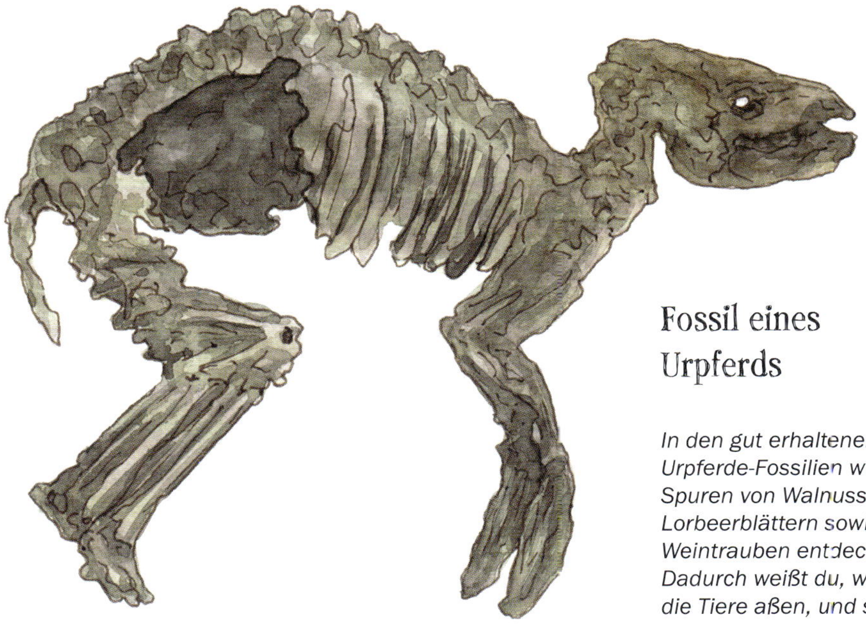

Fossil eines Urpferds

In den gut erhaltenen Urpferde-Fossilien wurden Spuren von Walnuss- und Lorbeerblättern sowie Weintrauben entdeckt. Dadurch weißt du, was die Tiere aßen, und somit auch, welche Pflanzen um den See herum wuchsen.

Aus einem Grund, über den die Wissenschaftler immer noch rätseln, sind viele Säugetiere und Vögel, die an diesem See lebten, ins Wasser gefallen und gestorben. Ihre Körper sanken auf den Grund des Sees und wurden dort gemeinsam mit verschiedensten Pflanzen sowie verstorbenen Fischen, Insekten und Fröschen in einer dicken, sauerstofflosen Algenschicht eingeschlossen. Ein Glücksfall für die Wissenschaft heute: Der Faulschlamm verwandelte sich mit dem Gestein am Seegrund im Laufe der Zeit in Ölschiefer. Die toten Tiere und Pflanzen blieben in Form von Fossilien, also als körperliche Überreste, im Gestein erhalten. Zu ihrem Erstaunen fanden die Wissenschaftler in vielen größeren Tierkörper-Fossilien sogar noch Hinweise auf deren letztes Futter!

Eine ganz besondere Grenze

Der Limes ist vielleicht die einzige „Landesgrenze“ auf der Welt, an die sich die Menschheit gerne erinnern möchte. Er wurde nicht angelegt, um Menschen einzusperren oder sehr große Angriffe abzuwehren. Dafür waren die Befestigungen gar nicht ausreichend. Die Römer errichteten diese Grenze am Rande ihrer eroberten Gebiete, um den Menschen auf der anderen Seite zu zeigen: „Achtung, hier beginnt das Römische Reich!“, und in regelmäßigen Abständen entstanden Militärlager. Aber in erster Linie diente der Limes dazu, eine bessere Kontrolle über den Reiseverkehr und den Handel zwischen Rom und den fremden Völkern zu gewinnen.

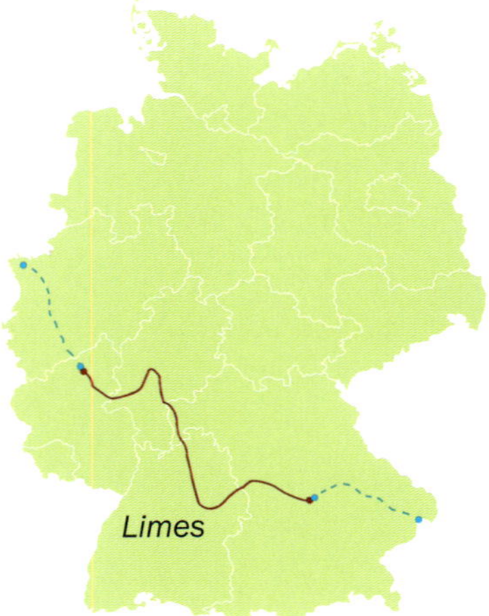

Das lateinische Wort „Limes“ bezeichnete ursprünglich einen Grenzweg zwischen Feldern oder Grundstücken. Wie bei uns wurden im alten Rom für die Kennzeichnung der Besitzgrenzen Steine, Bäume oder Gewässer genutzt. Erst ab dem späten 1. Jahrhundert n. Chr. verwendeten die Römer den Begriff Limes für die Landesgrenzen ihres Reiches, wie zum Beispiel für den Hadrianswall und den Antoninuswall in Großbritannien, mit denen der Obergermanisch-Raetische Limes eine transnationale Welterbestätte bildet. Ist ein Fluss wie der Rhein (Niedergermanischer Limes) oder die Donau (Donaulimes) die Grenze, spricht man heute vom Nassen Limes. Der Obergermanisch-Raetische Limes ist mit seinen 550 Kilometern das längste Bodendenkmal in Europa und das zweitlängste weltweit – nur die Chinesische Mauer ist länger!

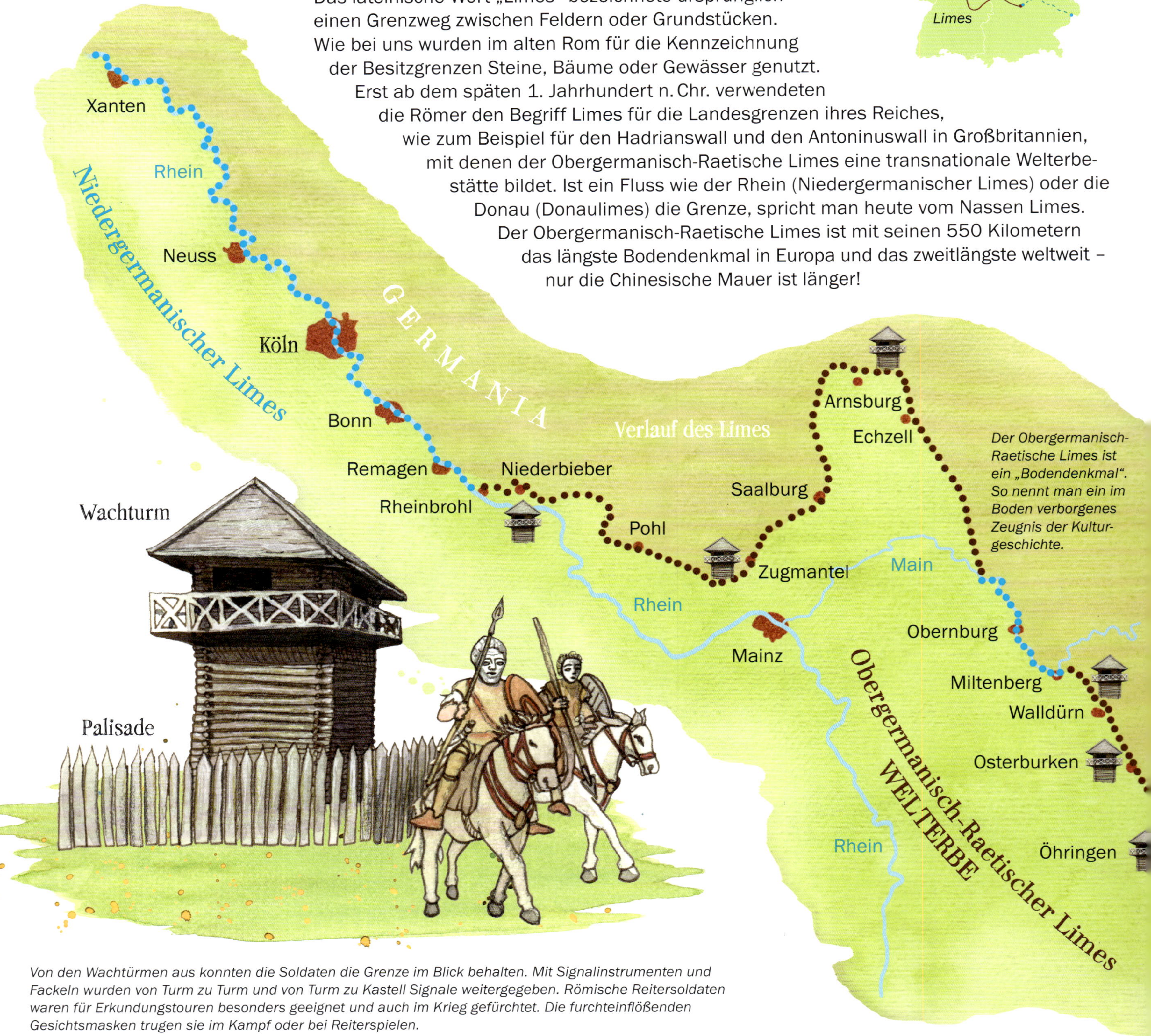

Von den Wachtürmen aus konnten die Soldaten die Grenze im Blick behalten. Mit Signalinstrumenten und Fackeln wurden von Turm zu Turm und von Turm zu Kastell Signale weitergegeben. Römische Reitersoldaten waren für Erkundungstouren besonders geeignet und auch im Krieg gefürchtet. Die furchteinflößenden Gesichtsmasken trugen sie im Kampf oder bei Reiterspielen.

Anfangs bestand der Limes in Germanien lediglich aus Patrouillenwegen, Wällen und Gräben sowie Flussläufen. Nach und nach errichteten die Römer am Obergermanisch-Raetischen Limes Palisadenanlagen. In regelmäßigen Abständen wurden dann hölzerne Wachtürme gebaut, um eine durchgehende Signalkette für eine Nachrichtenübermittlug zu schaffen. Jeder Turm war mit einigen Soldaten besetzt. Später wurden Wachtürme aus Stein errichtet und die hölzerne Grenze an einigen Abschnitten mit durchgehenden Steinmauern ersetzt.

Direkt am Limesverlauf, aber auch etwas weiter im Hinterland errichteten die römischen Soldaten Lager, sogenannte Kastelle. Händler und Handwerker siedelten sich um die Kastelle herum an. Nach und nach entstanden die ersten Städte auf germanischem Boden wie Xanten, Neuss, Köln, Bonn, Mainz, Augsburg oder Regensburg. Einheimische und römische Kultur vermischte sich. Bis heute ist das Erbe der Römer in Deutschland in vielen Bereichen sichtbar: Sie brachten den Wein, das Theater, die Glas- und Keramikherstellung sowie neues Wissen zur Landwirtschaft und zum Bauwesen mit. Sie führten eine Gesetzgebung ein, das Steuerwesen und die Schulbildung. Und heute noch kann man an etlichen Schulen die Sprache der Römer lernen: Latein!

Im Kastell Aalen wurden wie in allen anderen Kastellen auch die Unterkünfte, Stabsgebäude, Latrinen, Vorratsgebäude und Stallungen wie auf einem Schachbrett angelegt.

Die Römer verwendeten bereits ausgeklügelte Techniken beim Bau ihrer Straßen und Städte. Diese setzten sie auch bei der Errichtung des Obergermanisch-Raetischen Limes ein. Mit Vermessungsgeräten wie der Groma stapften die Soldaten durch die germanische Landschaft. Diese bestand damals hauptsächlich aus unwegsamen Wäldern, was die Arbeit sehr erschwerte. Dennoch schafften es die Römer, erstaunlich gerade Grenzlinien zu ziehen.

Mit der Groma, einem Stab mit vier Loten, wurden Kastelle und Hauptstraßen vermessen. Über die Lote hinweg wurden unsichtbare Linien zu bestimmten Punkten in der Landschaft gezogen.

Ein Teil des Limes wurde unter Leitung eines Offizieres angelegt, der auch Kenntnisse des Bauwesens besaß und diesen Grenzabschnitt von seinen Männern schnurgerade durch die Wildnis ziehen ließ – wie eine römische Straße! Findest du das Stück auf der Karte?

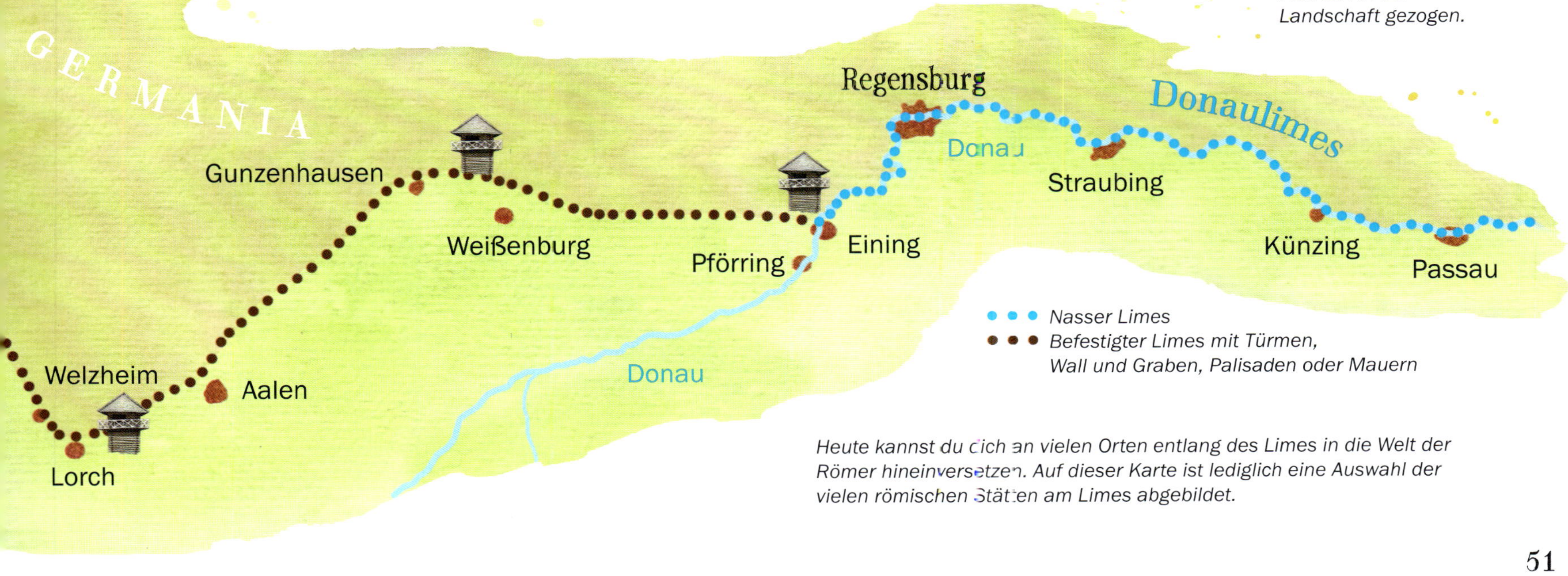

Heute kannst du dich an vielen Orten entlang des Limes in die Welt der Römer hineinversetzen. Auf dieser Karte ist lediglich eine Auswahl der vielen römischen Stätten am Limes abgebildet.

Barocke Pracht für die Fürstbischöfe

In Würzburg steht ein stattliches Schloss. Hinter seinen edlen Fassaden spielte sich einst das glanzvolle Leben des barocken Fürstenhofes ab. Davon erzählen Architektur und Ausstattung bis heute: In die weite Eingangshalle fuhren früher die Kutschen ein, über das herrschaftliche Treppenhaus ging es hinauf in die Prunk- und Wohnräume. Alles war klug erdacht für den kaiserlichen Besuch und die fürstlichen Aufgaben des Hausherrn. Dabei galt in Würzburg, wie damals überall, das prächtige Schloss des französischen Sonnenkönigs in Versailles als Vorbild. Viele Fürsten bauten neu und um – dafür verlangten sie ihren Untertanen hohe Steuern ab. In Würzburg war die Kasse gerade gut gefüllt, als Fürstbischof Johann Philipp Franz von Schönborn für den Neubau der Residenz einen jungen Baumeister berief: Balthasar Neumann. Der war überaus begabt, aber noch unerfahren. Die Schönborns waren emsige Bauherren, einflussreich und gut vernetzt. So konnte man Neumann die vornehmsten Architekten aus Paris, Wien und Mainz an die Seite stellen. Und nun zeigte sich dessen weiteres Talent: Neumann brachte alle Ideen und Künstler unter einen Hut und hinterließ Würzburg ein vollendet schönes Schloss von europäischem Maßstab.

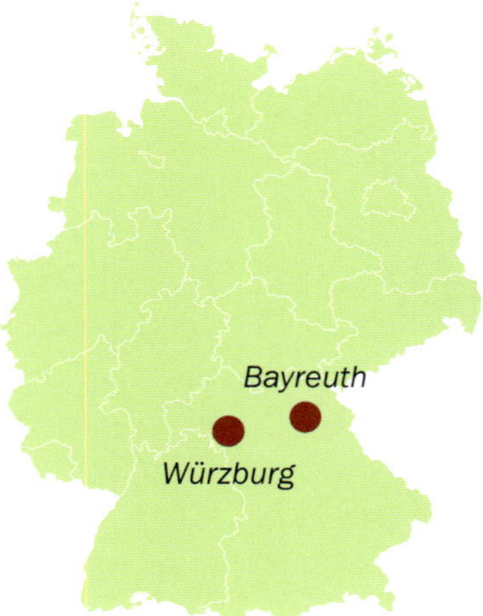

Der Grundstein der Würzburger Residenz wurde 1720 unter Fürstbischof Johann Philipp Franz von Schönborn gelegt, der Rohbau unter Friedrich Carl von Schönborn 1744 eingeweiht. Die barocke Ausgestaltung des Gartens übernahm Fürstbischof Adam Friedrich von Seinsheim. Ursprünglich trennte ein schmiedeeisernes Gitter den Ehrenhof der Residenz vom großen Vorplatz ab. An seiner Stelle steht hier heute ein Brunnen.

Der Auftritt des Hausherrn fand im Treppenhaus der Würzburger Residenz seinen glanzvollen Höhepunkt: Balthasar Neumann hatte ein riesiges und flaches Gewölbe über den Aufstieg gespannt, und der Venezianer Giovanni Battista Tiepolo bemalte es mit dem größten zusammenhängenden Deckenfresko der Welt. Zu sehen sind die vier damals bekannten Kontinente: Amerika, Afrika, Asien und Europa.

Das berühmte Treppenhausfresko malte Tiepolo von 1752 bis 1753 im Auftrag des Fürstbischofs Carl Philipp von Greiffenclau. Sein Bildnis schwebt direkt über Europa an der Stirnseite. Tiepolo fügte auch sein eigenes Porträt und das einiger anderer Künstler ein.

Eine Bühne für die Markgräfin

Tanzvorführungen, Theatervorstellungen und Opern gehörten zum barocken Alltag wie der Auftritt des Herrschers. Sie waren höfisches Vergnügen und gesellige Pflicht. Als Wilhelmine nach der Heirat mit Markgraf Friedrich aus dem königlichen Berlin in das kleine Fürstentum Bayreuth kam, konnte sie ihren Augen nicht trauen. So weit ab vom Geschehen sollte sie nun leben? Aber die künstlerisch begabte Markgräfin packte es an und richtete sich in ihrer neuen Heimat ein. Dazu gehörte auch der Bau eines Opernhauses. Denn Wilhelmine liebte die Oper über alles. Sie schrieb sogar selbst Texte, komponierte, schauspielerte und lud Musiker aus Italien und Frankreich an den Hof. Aber das Hobby der Markgräfin war ganz schön kostspielig, und als Wilhelmine starb, war die Zeit der großen Oper in Bayreuth vorbei. Nur das Opernhaus überlebte. Das ist allein schon deshalb bemerkenswert, weil die meisten barocken Opernhäuser früher oder später in den Flammen ihrer Kerzenbeleuchtung aufgingen.

Opernhaus Bayreuth

Das Logenhaus steht frei und besteht nur aus Holz, Leinwand und Farbe. Die Teile waren vorgefertigt und wurden vor Ort eingesetzt. So funktionierte Fertigbau im Barock.

Das Bayreuther Opernhaus war weit mehr als nur ein Opernhaus: Hier wurde im prunkvollen Rahmen die Hochzeit von Wilhelmines Tochter im Jahr 1748 gefeiert. Extra dafür hatten es die besten Theaterarchitekten ihrer Zeit, die Italiener Giuseppe und Carlo Galli-Bibiena gebaut.

Im barocken Opernhaus ging es genauso herrschaftlich zu wie im barocken Schloss. Alles war auf den Auftritt des Fürstenpaares ausgerichtet. Ganz vorn im Parkett standen zwei himmelblaue Sessel für das Markgrafenpaar. Friedrich soll allerdings meist an der Brüstung zum Orchester gelehnt haben. Dahinter kam der Adel. Und wer saß in der prunkvollen Fürstenloge? Dort fanden sich ältere Hofdamen und vornehme Gäste ein. In den oberen Rängen tummelten sich dagegen Diener und angesehene Bürger.

Markgräfin Wilhelmine war nicht nur die Schwester Friedrich des Großen, sondern vor allem eine außergewöhnlich begabte Frau: schlagfertig, klug und sehr musikalisch.

Windmaschine

Wilhelmine liebte Bühneneffekte. Ein Holzzylinder mit Kurbel, darüber ein Segeltuch: Fertig war die Windmaschine!

Von Kaiserdom bis Gärtnerzwiebel

Barocke Häuser an mittelalterlichen Gassen, sieben Hügel und mittendrin ein Fluss: Das ist die Bamberger Altstadt. Es war Heinrich II., der das Bistum 1007 gründete und einen ersten Dom errichten ließ. Und zwar oben auf dem Hügel, wo es schon eine Burg gab. Nun zogen Bischof und Domherren ein. Im Tal floss die Regnitz. Sie war die Lebensader der Siedlung. Mühlen gab es da und bald eine erste Brücke über den Fluss. Es wurden Fische gefangen, Waren gehandelt, Häuser, Kirchen, Klöster gebaut und Mauern gezogen. So entfaltete sich eine geschäftige Stadt zwischen den beiden Flussarmen, genau gegenüber dem Domberg. Als sich herausstellte, dass sich der Boden östlich der Regnitz gut zum Anbau von Gemüse und Kräutern eignete, siedelten sich Gärtner an. Seitdem wachsen dort Zwiebeln und Kohlköpfe mit Rettich und Knoblauch um die Wette.

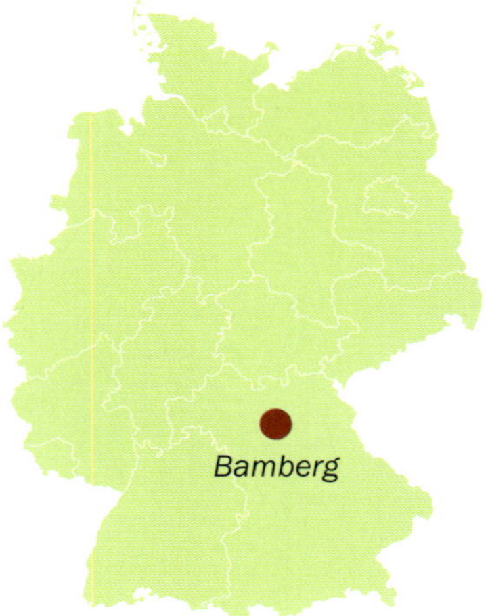

Dom St. Peter und St. Georg

Der heutige Bamberger Dom ist der des 13. Jahrhunderts; Reste von Heinrichs Kaiserdom findest du unter dem Westchor.

Bamberger Reiter

Königskrone, kostbares Gewand und edles Pferd. Wer verbirgt sich hinter dem Reiter, der seit fast 800 Jahren im Dom steht? Bis heute gibt es darüber keine Gewissheit.

Böttinger Palais

In diesem prächtigen Wohnhaus lebte Johann Ignaz Michael Tobias Böttinger: Kein Adeliger, sondern „nur“ ein Bürger, der es im Dienst des Fürstbischofs zu großem Wohlstand gebracht hatte.

Schon im Mittelalter züchteten die Bamberger Gemüse, Kräuter und Samen. Dabei stand die Zwiebel besonders hoch im Kurs. Verkauft wurde auf den Märkten in der Stadt und der nahen Umgebung. Bald liefen die Geschäfte der Bamberger Gärtner so gut, dass man die Samen sogar bis nach Holland und England verschiffte. Um Ware und Beruf zu schützen, tat man sich zusammen und gründete schließlich auch eine Zunft. Die gibt es heute nicht mehr, dafür aber zwei Gärtnervereine.

Das ist das typische Gärtnerhaus des 18. Jahrhunderts. Hier fand alles unter einem Dach statt: Wohnen und Arbeiten. Der breite Durchgang führte in Hof und Garten.

Zwiebel mit Samen

Bamberger Hörnla

Süßholz

Die Süßholzwurzel ist eigentlich am Mittelmeer zu Hause. Ab 1500 baute man sie auch in Bamberg an. Hier wurde sie prompt zu einem echten Verkaufsschlager.

Das berühmte Bamberger Hörnla ist eine schmackhafte Kartoffelsorte, die hier seit der Mitte des 19. Jahrhunderts nachgewiesen ist.

Heinrich und Kunigunde waren ein erstaunliches Paar. Es heißt sogar, sie hätten aus Liebe geheiratet. Das war früher gar nicht so üblich. Eine Ehe diente dazu, Macht und Ansehen der Familie zu sichern, ganz besonders in adeligen Kreisen. Auf jeden Fall wurden Heinrich und Kunigunde berühmt: als König und Königin, Kaiser und Kaiserin und sogar als Heilige. Sie kamen gern nach Bamberg und verwöhnten das Bistum mit kostbaren Geschenken. Ein bisschen so, als wäre Bamberg das Kind, das ihnen verwehrt geblieben ist.

Hier siehst du die barocken Fassaden der Neuen Residenz. Die ließ sich Fürstbischof Lothar Franz von dem berühmten Baumeister Leonhard Dientzenhofer bauen. Ein dritter Flügel war geplant, fehlt aber bis heute.

Heinrich und Kunigunde wohnten in der Burg auf dem Domberg, wenn sie nach Bamberg kamen. Heute findest du hier die Alte Hofhaltung.

Der verheerende Dreißigjährige Krieg hinterließ auch in Bamberg seine Spuren. Viele Häuser waren baufällig. Da übernahm 1693 ein neuer Fürstbischof das Ruder: Lothar Franz von Schönborn. Der kunstsinnige und einflussreiche Fürstbischof war geradezu besessen vom „Bauwurm" und wollte aus Bamberg eine schöne und geordnete Residenzstadt machen. Dabei ging er es clever an: Wer ein neues Haus baute, brauchte vorerst keine Steuern zu zahlen; je mehr Stockwerke und kostbarer das Baumaterial, desto länger galt die Befreiung von Abgaben. So wuchs das barocke Bamberg heran. Hinter seinen Fassaden verbirgt sich aber auch noch oft das mittelalterliche Fachwerk.

Malerisch steht das alte Bamberger Rathaus im Fluss. Wie die meisten Rathäuser hat es viele Veränderungen erlebt. Im 14. Jahrhundert wird es erstmals erwähnt.

In der Siedlung zwischen den Flussarmen lebten Fischer, Gerber, Schlachter, Müller und jede Menge Kaufleute. Sie alle nutzten den Fluss für ihre Arbeit. Am Hafen, dem Kranen, wurden natürlich auch das Holz und die Steine abgeladen, mit denen die Bürger ihre Stadt bauten. Irgendwann leisteten sie sich sogar ein Rathaus! Das kam genau auf die Grenze zwischen Domberg und Inselstadt – mitten in den Fluss.

Reiche Stadt am breiten Strom

Eine Brücke über den Strom, enge Gassen mit trutzigen Türmen und eine gotische Kathedrale – willkommen in Regensburg! Die Geschichte der Stadt beginnt im Jahr 179 mit einem römischen Lager am nördlichsten Punkt der Donau. Schon vorher hatte es an anderer Stelle ein Lager gegeben. Das überfielen die Germanen, aber die Römer schlugen prompt zurück und errichteten ein neues, größeres Lager: Castra Regina, die „Burg am Fluss Regen“ oder eben „Regensburg“. In den römischen Mauern richteten sich nun Herzöge, Könige, Kaiser und Bischöfe ein, natürlich erst, nachdem die Römer ihr Lager aufgegeben hatten. Herrscher kamen und gingen, aber die Kaufleute blieben. Denn der Handel entlang der Donau bis hinunter ans Schwarze Meer lief „wie am Schnürchen“: Er brachte der Stadt Reichtum und Ruhm. Kaiser Friedrich II. erhob Regensburg 1245 zur freien Reichsstadt. Jahrhunderte später wurde daraus die Stadt des Immerwährenden Reichstags.

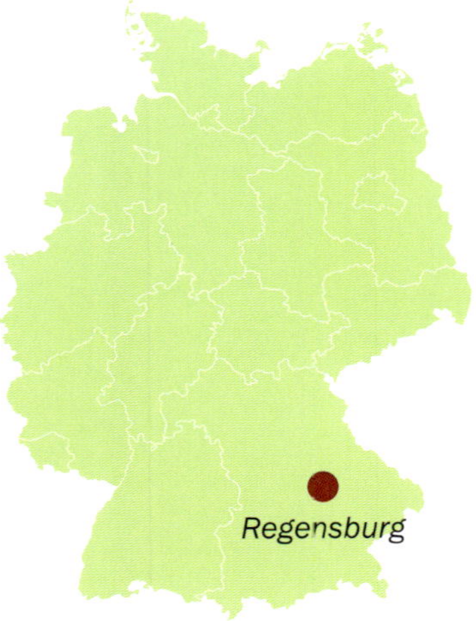

Die reichen Regensburger leisteten sich einen richtig großen Dom. Nach einem Brand ging es ab 1273 los mit einer riesigen Baustelle. Fertig wurde der Bau erst im 19. Jahrhundert.

Noch heute kannst du Reste des römischen Castrums in der Stadt entdecken. Zum Beispiel Teile seiner äußeren Ummauerung. Das hier sind Bogen und Seitenturm des Nordtores, der Porta Praetoria, sowie Reste von Mauerecken im Nord- und Südosten.

Regensburg galt schon im Mittelalter als Großstadt – nur Köln war größer! Hier bestimmte das typische Miteinander verschiedener Gruppen, darunter auch eine ziemlich große jüdische Gemeinde, das Leben in der Stadt. Das ging sehr lange gut, bis im Januar 1519 der Schutzherr der Juden, Kaiser Maximilian I., starb. Kurz darauf vertrieb man sie aus der Stadt und zerstörte ihr Wohnviertel samt Synagoge. Heute lädt am Neupfarrplatz das begehbare Denkmal Misrach zu einer einfühlsamen Spurensuche in die jüdische Vergangenheit ein. Der israelische Künstler Dani Karavan hat es als offenen und lebendigen Ort der Begegnung angelegt. 2005 wurde es der Stadt übergeben.

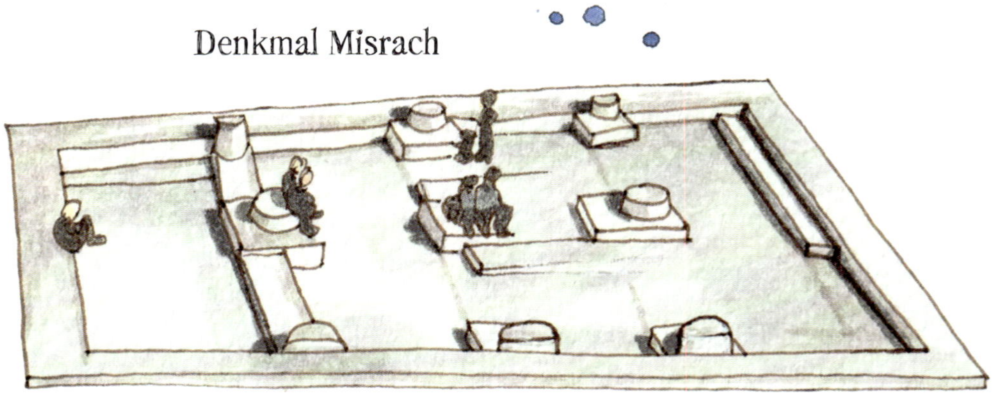

Dieses moderne jüdische Denkmal verweist auf die Fundamente der alten Synagoge. Nimm dir Zeit, um die Steine zu erkunden. Sie verbinden dich mit dem religiösen Mittelpunkt der ehemaligen jüdischen Gemeinde.

Das kostbarste Gut der Stadt Regensburg war ihre Lage an den Flüssen Donau, Naab und Regen. Denn der Transport von Waren über die Wasserwege war im Mittelalter viel sicherer und schneller als über Land. Deshalb entwickelte sich Regensburg schon früh zum zentralen Knotenpunkt des Fernhandels: Seide, Samt und Gewürze aus dem Orient; Pelze, Häute und Metalle aus Russland; Tuchwaren, Stoffe und Weine aus Italien und Frankreich. Das Geschäft lief auf Hochtouren, bis andere Städte nachzogen. Als dann auch noch die Ozeane für den Handel entdeckt wurden, geriet Regensburg in Schwierigkeiten.

Wenn du über die Donaubrücke nach Stadtamhof gehst, erwartet dich eine Überraschung: Hier ist alles viel weitläufiger als in der dicht gedrängten Altstadt. Das liegt daran, dass man diesen Stadtteil nach seiner letzten großen Zerstörung im 19. Jahrhundert wieder neu aufgebaut hat.

Seit dem Mittelalter besprach sich der Kaiser regelmäßig mit den wichtigsten Vertretern des Reichs: Adeligen, Kirchenmännern und Reichsstädten. Dazu trafen man sich erst an verschiedenen Orten. Bis das Alte Rathaus in Regensburg ab 1663 zum ständigen Sitz der Gesandten oder zum Immerwährenden Reichstag wurde.

Ein etwas schauriger Ort war früher der 13. Brückenbogen: Dort wurden Wasserstrafen vollstreckt, zum Beispiel an Frauen, die ihre Kinder getötet hatten: Sie wurden in der Donau ertränkt.

In Regensburg ragen außergewöhnlich viele Türme aus den engen Gassen der Altstadt. Dafür wurde die Stadt an der Donau schon früh gerühmt. Darunter finden sich die üblichen Kirchtürme, aber auch solche, die aussehen, als gehörten sie zu einer Burg. Was hat es damit auf sich? Es waren alte und wohlhabende Familien, die sich diese imposanten Türme mitten in der Stadt leisteten und zu verschiedenen Zwecken nutzten. In erster Linie waren sie wohl ein Zeichen von Reichtum und Macht. Tatsächlich gab es solche Türme auch in vielen anderen Städten. In Regensburg sind sie aber am besten erhalten. Berühmt sind der knapp 50 Meter hohe Goldene Turm und der prächtige Baumburger Turm.

Berühmt ist Regensburg für seine elegante Bogenbrücke aus Stein. Erbaut zwischen 1135 und 1146 war sie die erste große Steinbrücke nach der Römerzeit nördlich der Alpen – heute gilt sie als die älteste und am besten erhaltene in Deutschland. Tatsächlich verschaffte der stabile Donauübergang den Regensburger Kaufleuten entscheidende Vorteile: Während hölzerne Brücken bei Eis oder Hochwasser schnell einbrachen, konnte über die steinerne nun das ganze Jahr gehandelt werden. So mauserte sich auch die Siedlung am gegenüberliegenden Ufer zu einer eigenständigen Stadt. Die gehörte früher zum Herzogtum Bayern: Stadtamhof.

Welterbe erforschen und reparieren

So ein Welterbe steckt voller Geheimnisse, denen die Wissenschaft ständig auf der Spur ist. Ihre Entdeckungen helfen auch dabei, wenn mal etwas kaputt geht. Bei unseren Nachforschungen sind wir auf zwei ungewöhnliche und spannende Berufe gestoßen.

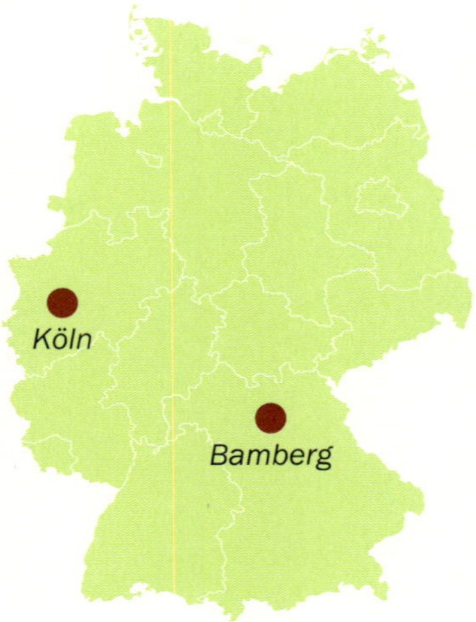

Unser Ziel für das erste Interview ist das Dendrolabor im Kompetenzzentrum für Denkmalkunde und Denkmaltechnologien in Bamberg. Hört sich kompliziert an, findest du? Wir gehen mal zusammen hinein und lassen uns das erklären.

Thomas Eißing ist der Leiter des Dendrolabors in Bamberg.

Hallo, Thomas! Was genau ist dein Beruf?

Tatsächlich habe ich zwei Berufe: Zum einem bin ich Dendrochronologe – oder einfacher gesagt, ich zähle die Jahresringe der Bäume und stelle so fest, wie alt sie sind. Aber hier im Labor untersuchen wir keine Bäume auf ihr Alter, sondern Holz, das verbaut wurde. Und dafür brauche ich auch noch meinen zweiten Beruf: Gefügekundler. Das heißt, ich schaue mir an, wie Hölzer zusammengefügt sind, zum Beispiel bei einem Dachstuhl. An den Spuren der Werkzeuge und der Art der Holzverbindungen kann ich erkennen, wann der Dachstuhl gebaut worden ist.

Verraten die Jahresringe dir noch mehr als das Alter eines Baumes?

Ich kann anhand der Form und des Verlaufs der Jahresringe auch sehen, ob der Baum auf einem Berg oder in einem Tal, an einem Hang oder auf einer Ebene gewachsen ist, wie viel es geregnet hat während seines Daseins und wie warm es war. Das kann ich alles so gut, weil ich Holzwirtschaft studiert und Schreiner gelernt habe. Ein spezielles Studium zur Dendrochronologie gibt es nämlich nicht.

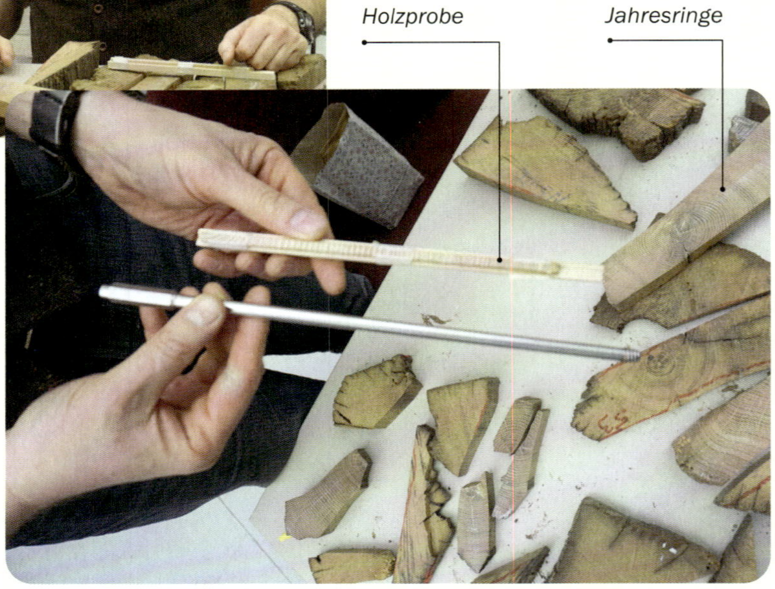

Mit dem silbernen Bohrer entnimmt der Dendrochronologe die Probe aus dem verbauten Holz.

Wozu braucht man so eine Dendrochronologie-Untersuchung, und wie funktioniert das?

Wo schriftliche Unterlagen zur Vergangenheit eines Gemäldes oder eines Gebäudes fehlen, springe ich als Dendrochronologe ein. Jeder Baum hat ein einmaliges Muster von breiten und schmalen Jahresringen. Wissenschaftler haben diese Muster in Form von gezeichneten Kurven gesammelt und damit einen Jahresringkalender erstellt. Stellt euch das so vor: Wissenschaftler rufen mich zu Hilfe, weil sie wissen wollen, ob ein Dachstuhl vielleicht aus der Zeit des 16. Jahrhunderts stammt. Dafür wird ein Bohrkern aus dem Dachbalken herausgezogen, und die Jahresringe werden eingemessen. Die Jahresringe bilden eine Kurve mit einem Zackenmuster. Diese Kurve schiebe ich im PC über den Jahresringkalender. Wenn die Muster von Kalender und Kurve übereinstimmen, kann ich das Fälljahr des Baumes jahrgenau feststellen. Zum Beispiel 1540. Der Dachstuhl wird dann wenige Jahre nach 1540 aufgebaut worden sein, denn die Zimmerleute brauchten ja auch etwas Zeit, um die Balken herzustellen.

Dann ist die Dendrochronologie ja ganz schön wichtig!

Genau! Weil sie auch schon für sehr frühe Zeiten beantworten kann, wo das Holz für die Wirtschaft angebaut wurde, wohin es transportiert und wofür es verwendet wurde. Es gab bei uns in Deutschland keinen Urwald, sondern die Wälder wurden hier immer von den Menschen genutzt.

Was ist dein Lieblingsort im Welterbe?

Ich habe zwei: die Kirche St. Elisabeth mit den neuen Fenstern von Markus Lüpertz in der Sandstraße und die Heilig-Grab-Kapelle mit dem Totentanz im Kloster auf dem Michaelsberg.

Der Dom liegt direkt gegenüber des Kölner Hauptbahnhofs, deshalb haben wir nur einen kurzen Fußweg zum Büro von Peter Füssenich, dem Dombaumeister. Als wir sein Zimmer betreten, sind wir fast ein bisschen enttäuscht. Kein Blick auf den Dom? Der Dombaumeister lächelt. Er kennt die fragenden Blicke und erklärt, dass ein Vorgänger unter starken Kopfschmerzen gelitten habe. Ihm sei das große Eckfenster mit Blick auf den Dom zu hell gewesen und deshalb sei er in ein anderes Büro umgezogen. Dabei ist es geblieben.

Hallo, Peter, was ist dein Beruf, und wie nützt er dem Kölner Dom?

Ich bin Dombaumeister von Köln und setze mein ganzes Wissen über alte Steine und Mauern ein, um unseren Dom zu schützen. Im Mittelalter kümmerten sich die Dombaumeister um den Neubau des Doms, heute kümmern wir uns um seinen Erhalt. Das klappt seit Jahrhunderten, weil wir Dombaumeister zusammenhalten: Jeder von uns führt das große Werk ein Stückchen weiter.

Wie wird man eigentlich Dombaumeister?

Im Mittelalter waren es Steinmetze, heute sind wir meist Architekten. Ich habe auch noch Denkmalpflege studiert. Um Dombaumeister in Köln zu werden, muss man auf jeden Fall zwei Bedingungen erfüllen: katholisch sein und schwindelfrei!

Was ist deine tägliche Arbeit am Dom?

Am Dom ist ständig etwas zu sichern, zu reparieren, zu säubern oder auszutauschen. Dabei gibt der Bau selbst die Wichtigkeit der Arbeitseinsätze vor. Natürlich erledige ich das nicht allein, sondern wir sind ein großes Team an der Kölner Dombauhütte. 100 Expertinnen und Experten aus vielen Handwerksbereichen, aus Forschung, Archäologie und Kunstgeschichte. Und wir packen alle jeden Tag kräftig an. Zum Beispiel reparieren wir immer noch an den Schäden des Zweiten Weltkriegs, obwohl das Kriegsende nun schon 75 Jahre zurückliegt. Damals haben die Soldaten auch die Westfassade beschossen und holten dabei manchen Kopf von den Schultern der Skulpturen in den Portalen.

Was für Arbeiten gibt es gerade?

An jeder Stelle am Dom, an der ein Gerüst steht, wird auch gearbeitet – und das sind viele Baustellen gleichzeitig. Im Moment hängt ein großes Gerüst am Nordturm, weil vor einigen Jahren ein Teil eines Türmchens abgestürzt ist und viele weitere Schäden verursacht hat. An den vielen großen Fenstern wird auch gearbeitet. Außerdem planen wir gerade einen gemeinsamen Neubau für die Verwaltungen der Dombauhütte und des Archivs, des städtischen und römischen Museums. Zusammen bilden wir ja Kölns „historische Mitte". Langweilig wird es bei uns also nie.

Welche Frage würdest du dem ersten Dombaumeister Gerhard stellen?

Ich würde ihn fragen, wie viel Zeit er für seinen Dombau ursprünglich eingeplant hatte. Und ob er den Bau auch begonnen hätte, wenn er gewusst hätte, dass es bis zur Fertigstellung 632 Jahre dauern würde.

Hast du einen Lieblingsort im Kölner Dom?

Sogar mehrere! Ich liebe alle Orte, an denen lange kein Gerüst stand. Dort hat man unmittelbar vor Augen, wie perfekt die Steinmetze damals gearbeitet haben. Außerdem mag ich den weiten Blick vom Vierungsturm. Der sitzt hoch über dem Altar des Domes und markiert die Mitte der Stadt Köln.

Die Kölner Dombauhütte, deren Eingang du hier siehst, gehört übrigens auch zum Welterbe. Ihre Geschichte reicht zurück bis ins Mittelalter.

Hier siehst du den Kölner Dombaumeister Peter Füssenich bei der Arbeit in schwindelerregender Höhe. Ganz schön mutig, oder?

Römische Bauten und frühe christliche Kirchen

Trier war gegen Ende der Antike neben Mailand die bedeutendste Kaiserresidenz im Westen des Römischen Reiches, ein wichtiges Produktions- und Handelszentrum und eine der größten Städte des Römischen Reiches. Gegründet wurde die älteste Stadt Deutschlands schon um das Jahr 17 v. Chr. als römische Siedlung – und zwar auf gallischem, nicht auf germanischem Boden! Die römische Siedlung erhielt den Namen „Augusta Treverorum". Übersetzt heißt das „Augustus-Stadt der Treverer", die Siedlung lag also im Gebiet eines keltischen Volksstammes. Triers antike Bauten und die Igeler Säule aus dem Dorf Igel an der Mosel sind beeindruckende Denkmäler, die vom Reichtum der Stadt und ihres Umlandes unter der Regierung der römischen Kaiser des 2. und 4. Jahrhunderts n. Chr. berichten. Der Dom und die Liebfrauenkirche gehören ebenfalls zum Welterbe dazu, denn sie stellen bedeutende früheste Zeugnisse der Zeit dar, als das Christentum auch dank der Unterstützung durch Kaiser Konstantin dem Großen im Jahr 311 zu einer offiziell anerkannten Religion im Römischen Reich erklärt wurde.

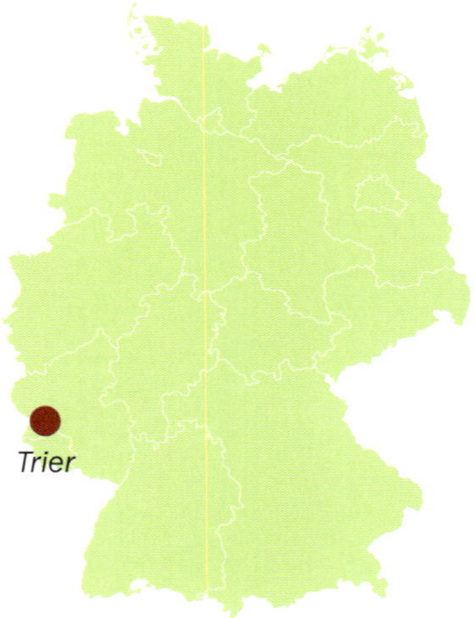

Igeler Säule

Die Igeler Säule ist das Grabdenkmal einer reichen römischen Tuchhändlerfamilie. Trier war in der Antike berühmt für seine Keramik- und Tuchherstellung. Die Nachbildung im Trierer Landesmuseum zeigt dir, wie farbig solche Monumente einst waren.

Porta Nigra

Durchschreite wie ein Kaiser das besterhaltene Stadttor aus römischer Zeit in Deutschland: die Porta Nigra.

Das mehr als 1800 Jahre alte, weltberühmte Stadttor Porta Nigra ist das Wahrzeichen der Stadt Tier und ein bedeutendes Beispiel römischer Baukunst. Um das Jahr 170 aus mächtigen Sandsteinquadern errichtet, beeindruckte es die von Norden auf die Stadt zustrebenden Reisenden. Es diente nicht nur der Verteidigung, sondern vor allem auch zur Darstellung der Macht der Stadt und des Reiches. Das Tor wurde nie fertiggestellt, vielleicht fehlte in den zeitweiligen Kriegszuständen das nötige Geld. Seinen Namen „Schwarzes Tor" erhielt das weltberühmte Stadttor übrigens erst im Mittelalter, als der helle Sandstein sich im Laufe der Zeit durch Wind und Wetter schwarz verfärbt hatte.

Thermen, also aufwendige Badeanstalten, waren ein fester Bestandteil der römischen Stadtarchitektur. Trier besaß gleich mehrere davon. Die Barbarathermen, die in der zweiten Hälfte des 2. Jahrhunderts n. Chr. errichtet wurden, galten als die größte Thermenanlage nördlich der Alpen. Die hoch aufragenden Ruinen der Kaiserthermen beeindrucken heute noch jeden Betrachter, wurden aber niemals für ein Badevergnügen genutzt, sondern stattdessen zu Reiterkasernen umfunktioniert und bildeten am Ende der Antike einen Teil der Stadtmauern. Auch ein Amphitheater durfte in einer römischen Stadt nicht fehlen, hier erfreuten sich die Zuschauer unter anderem an Theatervorführungen und Tierkämpfen. Das Trierer Theater gehörte zu den größten Amphitheatern im römischen Reich und ist ebenso Teil des Welterbes wie die Römerbrücke und die Konstantin-Basilika – der größte erhaltene säulenlose Raum der Antike und heute die Evangelische Kirche zum Erlöser.

Kaiserthermen

Die Hohe Domkirche Sankt Peter ist die älteste Bischofskirche Deutschlands und auf römischen Ruinen erbaut worden. Ausgrabungen haben ergeben, dass die ältesten Baureste unter dem Dom aus dem 2. und 3. Jahrhundert n. Chr. stammen und auf eine vornehme römische Wohnanlage hinweisen. Im frühen 4. Jahrhundert, in der Regierungszeit Kaiser Konstantins des Großen, wurde die Wohnanlage abgerissen und an ihrer Stelle eine monumentale Kirchenanlage errichtet. Um das Jahr 340 entstand auf der Anlage ein viereckiger Gebäudeteil, der den baulichen Kern des Doms bildet. Seine heutige Gestalt erhielt der Dom im Mittelalter. Im 18. Jahrhundert wurden, unter anderem wegen eines Brandes, nochmals Änderungen am Bau vorgenommen, diesmal im Stil des Barock.

St. Peter

Im Trierer Dom begibst du dich auf die Spuren der frühen Christen Triers. Vielleicht haben sie sich für ihre anfangs heimlichen Treffen, als die Ausübung ihrer Religion noch verboten war, in den Wohnhäusern versammelt, deren Reste unter dem Dom gefunden wurden.

Liebfrauenkirche

Wenn das Sonnenlicht durch die bunten Fenster fällt, strahlt das Innere der Liebfrauenkirche in einem magischen Licht.

Unmittelbar neben dem Dom steht die Liebfrauenkirche, eine der ältesten gotischen Kirchen in Deutschland. Auch sie steht auf den Überresten der Doppelkirche aus der Zeit Kaiser Kontantins des Großen, wurde aber wesentlich später als der Dom errichtet. Die Doppelkirche musste nach fast 1 000 Jahren wegen Baufälligkeit zum größten Teil abgerissen werden. Der damalige Erzbischof Theoderich von Wied ordnete vermutlich um das Jahr 1227 die Errichtung der Liebfrauenkirche auf den Grundmauern des Vorgängerbaus an. Die Baumeister kamen aus Frankreich, wo die Baukunst der Gotik bereits hoch entwickelt war.

Industrie im großen Stil

Im Saarland steht ein weiteres bedeutendes Denkmal, das an die Blütezeit der Industrialisierung in Europa erinnert. Die Unternehmerfamilie Röchling kaufte 1881 die Völklinger Hütte und baute sie zu einem der ertragsreichsten Eisen- und Stahlwerke Europas aus. Mit stets modernster Technik wurden in der Völklinger Hütte Eisen und Stahl hergestellt. In den beiden Weltkriegen kamen Aufträge für die Rüstungsindustrie hinzu: das Material für Stahlhelme, Granaten und Geschützrohre. Die Völklinger Hütte ist somit ein wichtiger Ort der Erinnerung. Insgesamt über 12 000 Menschen aus 20 Ländern wurden hier während des Ersten Weltkrieges gezwungen zu arbeiten. 1980 entstand neben der Völklinger Hütte ein neues Stahlwerk. Als kurz darauf eine Stahlkrise ausbrach, bedeutete dies das Ende für die Hütte. Ein Zusammenschluss der Völklinger Bürger verhinderte einen Abriss der Industrieanlage, die Völklinger Hütte wurde unter Denkmalschutz gestellt. Heute zieht sie mit kulturellen Veranstaltungen viele Besucher an und ist jeden Abend farbenprächtig beleuchtet.

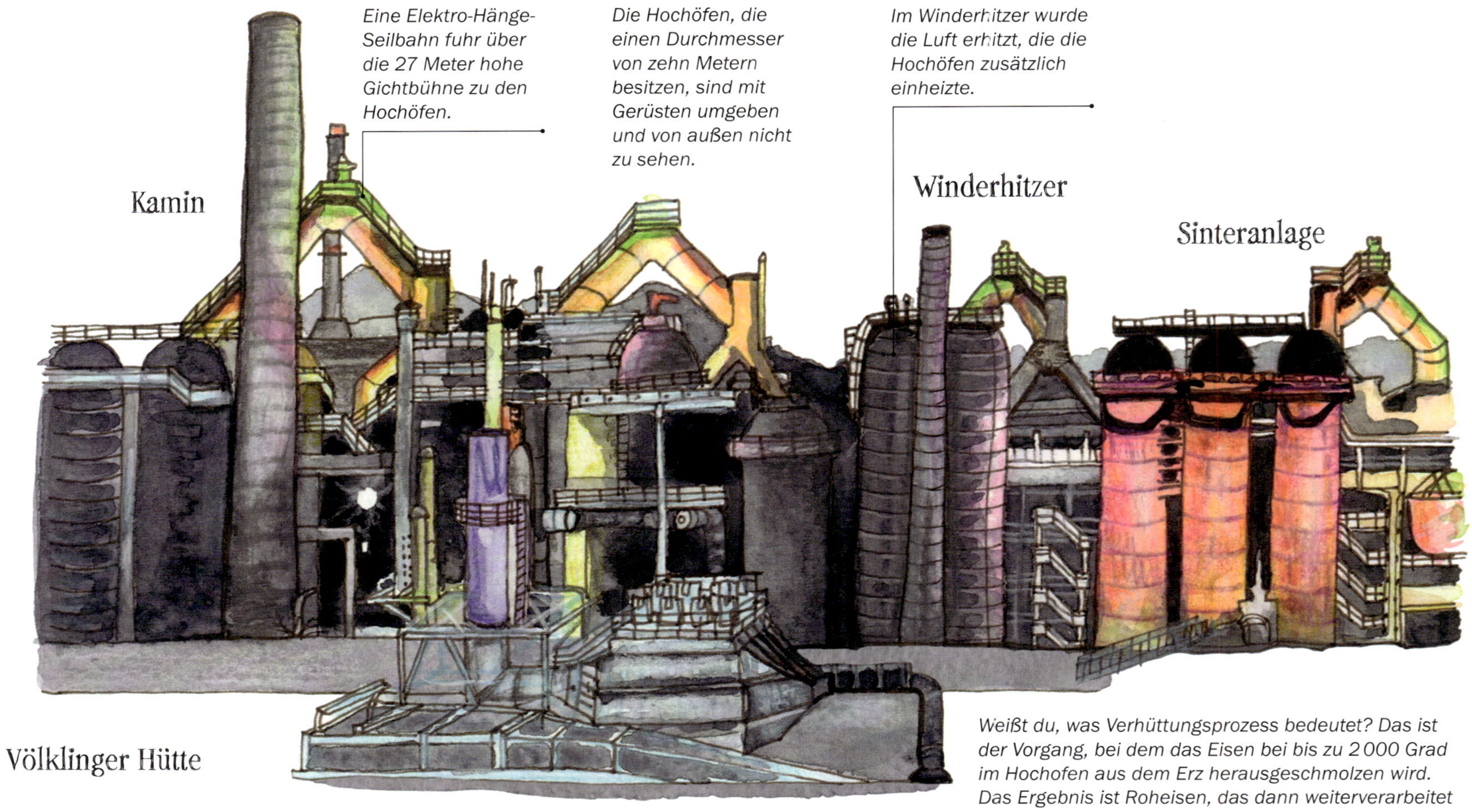

Weißt du, was Verhüttungsprozess bedeutet? Das ist der Vorgang, bei dem das Eisen bei bis zu 2 000 Grad im Hochofen aus dem Erz herausgeschmolzen wird. Das Ergebnis ist Roheisen, das dann weiterverarbeitet wird zu Stahl, Gusseisen oder Schmiedeeisen.

Die Völklinger Hütte besitzt sechs Hochöfen, in denen bei extrem hohen Temperaturen Eisen erzeugt wurde. Die Wände der Hochöfen wurden mit Wasser gekühlt. Die Wasserversorgung lief über den Wasserhochbehälter und das Pumpenhaus. Jeder Hochofen verfügte über drei Winderhitzer, die den Wind erhitzten, bevor er in den Hochofen eingeblasen wurde. Die bis zu 40 Meter hohen Winderhitzer haben einen Stahlmantel und sind im Inneren zu einem Teil mit Lochsteinen ausgemauert, welche die Hitze speicherten. Die Luft kam von riesigen Windmaschinen in der Gebläsehalle. Über die Gichtbühne wurde der Hochofen aus den Wagen der Seilbahn heraus mit Koks und Möller befüllt.

Möller ist eine Mischung aus Erz und anderen Zusatzstoffen, zum Beispiel Kalk. Die Möllerhalle, in der bis zu 12 000 Tonnen des Materials gelagert werden konnten, entstand in den Jahren 1911 bis 1913 und war einer der ersten Industriebauten aus Stahlbeton. Die Trockengasreinigungsanlage, welche die beim Verhüttungsprozess austretenden Gase filterte, war bei ihrer Inbetriebnahme eine technische Neuheit, genauso wie Europas erste und größte Sinteranlage, die hier errichtet wurde. In der Sinteranlage wurden die Stäube aus den Filteranlagen und die kleinen Erzstücke aus dem Erzbrecher vermischt und zu sogenanntem Sinterkuchen verbacken.

Sonne, Frischluft und viel Grün

Sonne, ein offener Raum und die Gegenwart von Grün – diese Dinge muss man, so der schweizerisch-französische Architekt Le Corbusier, beim Bauen unbedingt beachten. Diese Gedanken waren zu seiner Zeit sehr modern und sorgten für Diskussion. Aber sie waren wichtig: Die Menschen arbeiteten rund um die Uhr, die Luft war verschmutzt, in manchen Städten sah man wegen der immer höher werdenen Fabriken kaum noch blauen Himmel. Deshalb setzten sich einige Architekten dafür ein, dass die Industrie aus der Stadt und die Wohnungen der Arbeiter in deren Nähe und damit ins Grüne verlagert wurden. So sind die Siedlungen in Berlin entstanden und auch die Weissenhofsiedlung 1927 in Stuttgart. Die Stadt kaufte das Gelände am Weissenhof und beauftragte den Deutschen Werkbund, dort für die Bauausstellung „Die Wohnung“ Häuser zu errichten. Anschließend wurde der entstandene Wohnraum vermietet.

Die Langfenster lassen sehr viel Licht in den Wohnraum. Sie erinnern dich vielleicht an die Fenster eines Zuges.

Le Corbusier baute sein Haus vor allem auf Pfosten, um es dadurch zum „Schweben“ zu bringen und ihm eine gewisse Leichtigkeit zu verleihen. Gleichzeitig sollte damit die Gefahr von Feuchtigkeit durch die Erdnähe vermieden werden.

Das Gerippe des Hauses besteht aus Stahlpfosten und Betondecken.

Le Corbusier errichtete in der Weissenhofsiedlung ein Einfamilienhaus und ein Doppelhaus. Er baute lieber für Besserverdienende, doch auch für diese sah er das Haus als einen zweckmäßigen Aufenthaltsort an. Schließlich brauchten es die Bewohner hauptsächlich zum Schlafen und Essen. Das Wichtigste waren also heißes und kaltes Wasser, Möglichkeiten für Frischluft und Beleuchtung, eine Heizung sowie Vorrichtungen zum Aufbewahren von Speisen. Der Dachgarten war etwas Besonderes und als zusätzlicher Wohnraum gedacht.

Das Doppelhaus besaß schon eingebaute Möbel, die Mieter brauchten nur mit ihren Koffern einzuziehen! Tagsüber standen im Raum Tische und Stühle, für die Nacht wurden mit wenigen Handgriffen Trennwände und Betten hervorgezogen – so ähnlich wie im Schafabteil eines Nachtzugs. Tatsächlich kamen Le Corbusier viele Ideen beim Fahren mit einem solchen Zug!

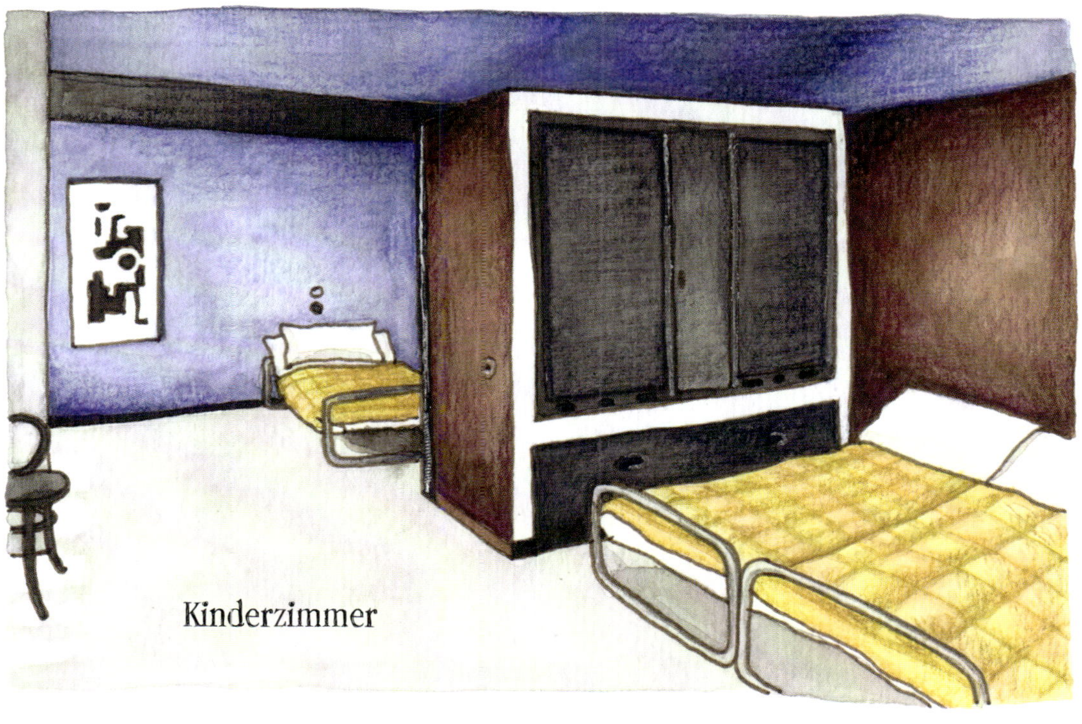

Vorne schliefen die Eltern, dahinter war das Kinderzimmer, wenn die Schiebetür zuging. Über einen sehr schmalen Flur erreichte das Kind das Bad.

Ein riesiger Dom für die Ewigkeit

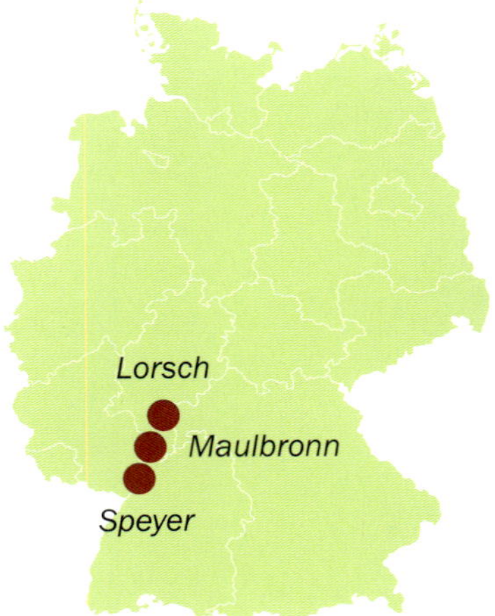

Der Dom in Speyer ist berühmt – aber wofür? Seine Geschichte beginnt vor fast 1000 Jahren. Damals saß Konrad II. auf dem Königsthron. Später wurde er Kaiser und folgte Heinrich II. Dieser kinderlose Herrscher hatte das Bistum Bamberg gegründet, einen schönen Dom gebaut und sich dort begraben lassen. Was für ein großartiges Erbe! Fand Konrad das vielleicht auch? Auf jeden Fall ließ er in Speyer einen Dom bauen. Dieser sollte nun der größte der Welt werden. Aber Konrad starb, bevor seine Kirche fertig war. Man begrub ihn mitten in der Baustelle. Das war der Beginn einer großen Grablege: Vier Kaiser, drei Kaiserinnen, vier Könige und viele Bischöfe wurden im Dom bestattet. Es war aber erst Konrads Enkel, Heinrich IV., der die 1061 geweihte Kirche noch mal umbauen und komplett einwölben ließ – sogar das riesige Mittelschiff! Das hatte es nördlich der Alpen noch nie gegeben. So erfüllte sich Konrads Wunsch am Ende also doch noch: Als Heinrich IV. 1106 starb, stand in Speyer die größte und erste vollständig gewölbte Kirche ihrer Zeit!

Domkirche St. Maria und St. Stephan

Beim Dombau in Speyer erfand man vieles neu für den mittelalterlichen Kirchenbau. Zum Beispiel erkannten die Baumeister, dass eine Wand den Raum nicht nur begrenzt, sondern auch gestalten kann. Durch die Gliederung im Mittelschiff scheint die Wand vor- und zurückzuspringen und das regelmäßig Bogen für Bogen. So wirkt der Raum sehr lebendig. Das waren ganz neue Wege in der Baukunst. Hatten die Erfinder dabei vielleicht sogar die römischen Bauten in Trier vor Augen?

Die Wand des Mittelschiffs im Speyerer Dom ist etwas ganz Besonderes: Versuch mal, einen Plan dieser Wand zu zeichnen, so kannst du nachvollziehen, was sich die Baumeister gedacht haben.

Mittelschiff des Speyerer Doms

Rätsel um eine Torhalle

Die kleine Stadt Lorsch hütet einen großen Schatz: eine Torhalle aus dem frühen Mittelalter. Sie ist das kostbare Überbleibsel des früher so mächtigen Klosters Lorsch. Das war schon bald nach seiner Gründung unter den direkten Schutz des Königs gestellt worden, und zwar 772. Damals herrschte Karl der Große. Mit so einer Nähe zum Herrscher gewann ein Kloster zwar viele Freiheiten, handelte sich aber auch einige Pflichten ein. Dazu gehörten regelmäßige Gebete für den Herrscher und seine Familie, jährliche Abgaben und die Unterstützung im Kriegsfall. Hinter den Klostermauern ging es also alles andere als still und einsam zu – im Gegenteil: In Lorsch mischte man kräftig mit in der großen Politik! Das erklärt auch, warum das Kloster unter Karls Enkel zur Grablege der ostfränkischen Könige wurde. Gleichzeitig sammelte sich in Schreibstube und Bibliothek viel altes und neues Wissen an. Hier entstand zum Beispiel das erste deutsche Handbuch zur Medizin, das berühmte „Lorscher Arzneibuch".

Heute wäre das Kloster vielleicht längst vergessen, gäbe es nicht den besonderen Zeugen aus karolingischer Anfangszeit: die Lorscher Tor- oder Königshalle. Das Bauwerk gehört nicht nur zu den Klassikern der Kunstgeschichte, sondern auch zu ihren schönsten Rätseln. Welche Aufgabe erfüllte das Tor? Wurde hier am Eingang der Herrscher empfangen, Gericht gehalten, oder passierte noch etwas ganz anderes?

Woran erinnern dich Bauschmuck und Schachbrettmuster der Lorscher Torhalle? Na klar, an römische Bauwerke! So wie sie beispielsweise in Trier erhalten sind. Und trotzdem wirkt alles doch ganz anders – karolingisch eben. So nennt man die Kunst aus dieser Zeit.

Kloster im Grünen

Eigentlich lebten die Mönche ja nach der Regel des heiligen Benedikt: arm, gehorsam und enthaltsam. Aber im Laufe des Mittelalters geriet diese Regel immer mehr in Vergessenheit, besonders in den reichen Benediktinerklöstern. So kam es zu Ärger, und es gründeten sich neue Klostergemeinschaften, darunter die Zisterzienser. Sie errichteten ihre schlichten Klöster abseits der Welt und hielten sich wieder ganz strikt an Benedikts Motto: „Bete und arbeite!" Mit dem Bau des Zisterzienserklosters Maulbronn begann man 1147. Seither wechselte es zwar mehrfach den Besitzer, aber die alte Klosteranlage mit ihrer Kirche, den Wohn- und Wirtschaftsgebäuden ist außergewöhnlich gut erhalten. Ebenso die ehemals bewirtschaftete Klosterlandschaft mit Seen, Feldern, Wäldern, Wiesen und Weinbergen. Denn das Kloster versorgte sich selbst, und nur was von der Ernte übrig blieb, wurde verkauft. Seit dem 16. Jahrhundert dient Maulbronn als Schule.

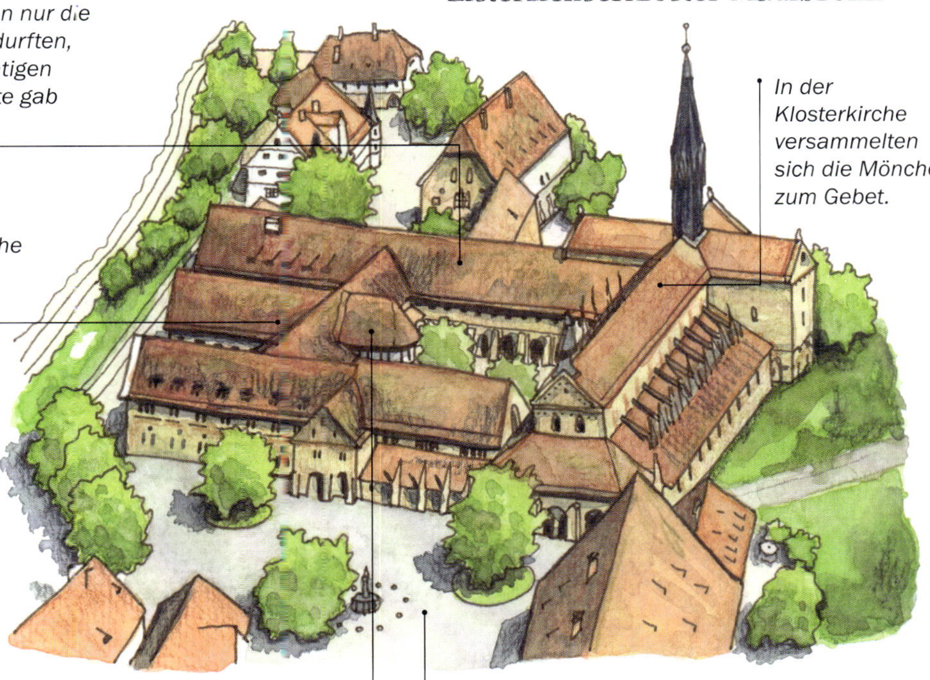

Der Mensch und die Kunst in der Eiszeit

Im Lonetal nahe Niederstotzingen und im Achtal nahe Blaubeuren sind Forscher in Höhlen auf die Spuren unseres Vorfahren Homo sapiens gestoßen. Diese Spuren sind bis zu 43 000 Jahre alt und stammen aus der letzten großen Eiszeit. Teile von Jagdwaffen und Werkzeugen wurden gefunden, aber auch Schmuck, Musikinstrumente und Kunstgegenstände! Die Funde geben spannende Einblicke in das Leben unserer noch nicht sesshaften Vorfahren. Allerdings wohnten unsere Vorfahren in der Eiszeit nicht in den Höhlen, sondern in Zelten aus Tierfellen. Die Höhlen im heutigen Geopark Schwäbische Alb könnten als Versammlungsorte oder Unterschlupf gedient haben. Die Menschen beteten dort vielleicht gemeinsam für eine gute Jagd, betrauerten Verstorbene oder machten zusammen Musik – und auch Kunst! Einige von ihnen fertigten Figuren an, die in den Höhlen aufgestellt wurden, andere stellten Farben und Pinsel her, um Bilder an die Wände zu malen.

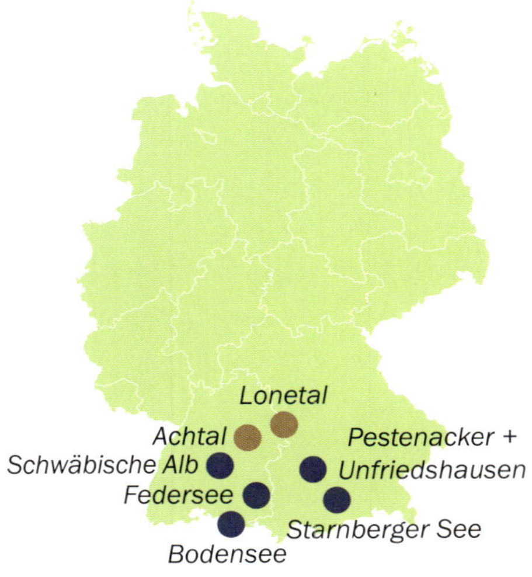

Die entdeckten Kunstschätze sind aus Knochen und Elfenbein gearbeitet. Hauptsächlich stellen sie Tiere dar wie den Höhlenlöwen und den Höhlenbären, das Wisent, das Pferd und das Mammut. Aber es gab auch schon menschliche Darstellungen. Die aufgezählten Tiere waren sehr wichtig für die Menschen, sie dienten ihnen als Nahrungsgrundlage und zur Beschaffung von Fellen für ihre Kleidung. Aus den Knochen von Tieren und Vögeln wurden Werkzeuge, Nähnadeln, Spitzen für die Jagd sowie die ersten Pinsel und Musikinstrumente angefertigt. Das älteste Musikinstrument weltweit, das jemals gefunden wurde, ist übrigens eine Flöte.

In der Regel schnitzten die Eiszeit-Künstler ihre Figuren mit einem scharfen Stein als Ganzes aus dem Elfenbein der Mammut-Stoßzähne. Diesen Löwenmenschen macht seine aufrechte Haltung einmalig. Wahrscheinlich war er einmal eine Götterfigur.

Löwenmensch

Das Mammut war damals das größte Landsäugetier und als Jagdbeute sehr ergiebig für die Menschen. Doch die Jagd auf ein Mammut war sehr gefährlich und wurde wohl eher selten durchgeführt.

Mammut

So ein Stoßzahn konnte über drei Meter lang sein. Vergleiche das mal mit deiner Größe!

Siedlungen auf Pfählen

Vor etwa 7 500 Jahren lernten unsere Vorfahren, die bislang in Zelten wohnten, mit denen sie umherzogen, den Vorteil eines festen Wohnsitzes zu schätzen. Sie suchten sich eine Gegend, die ihnen viel Nahrung versprach, bauten Häuser, legten Äcker an und hielten sich Vieh. In der Zeit von etwa 4300 bis 500 v. Chr. entstanden auf der Schwäbischen Alb, bei einigen Seen sowie in Pestenacker und Unfriedshausen ein paar ungewöhnliche Häuser: Manche dieser Häuser standen auf sehr feuchtem Untergrund, manche sogar im flachen Seeufer, deshalb wurden sie zum Schutz gegen Feuchtigkeit und dem schwankenden Wasserstand auf Pfählen errichtet. Vielleicht hatten die Erbauer solche Stellen gewählt, weil nicht erst umständlich Bäume gefällt werden mussten, um eine Siedlung anzulegen, wie in einer bewaldeten Gegend. Zudem boten die Seen einen guten Schutz gegen unerwartete Angriffe. Gefunden wurden die Überreste der Pfahlbauten dank eines Zufalls: Im Winter 1854/55 herrschte im Alpenvorland große Trockenheit, die Seen und Flüsse hatten einen sehr niedrigen Wasserstand. Da schauten doch aus einem Schweizer See plötzlich Pfähle aus dem Wasser! Als man erkannte, was das bedeutete, brach ein regelrechtes „Pfahlbautenfieber“ aus. Überall wurde gesucht, auch auf deutscher Seite. Man wurde schnell fündig. Heute gehören die Funde in Deutschland zum länderübergreifenden Welterbe Prähistorische Pfahlbauten um die Alpen, das insgesamt 111 Fundstellen umfasst.

Ein Pfahlbau war bis zu 15 Meter lang und aus Holz erbaut. Die Wände waren mit Lehm oder Rinde und Torf zum Schutz gegen Wind und Kälte abgedichtet. Die Bauten, die du in Unteruhldingen besichtigen kannst, sind natürlich Nachbauten.

Die Bewohner der Pfahlbauten an den Seen bauten sich fürs Fischen einfache Holzboote, wie diesen Einbaum hier. Im Starnberger See wurde ein fast 3 000 Jahre alter Einbaum entdeckt, der mit seiner Länge beeindruckt: 13,5 Meter!

Die Dächer waren mit Rindenschindeln, Gras oder Schilf gedeckt.

Ein Pfahlbau konnte aus mehreren Räumen bestehen und auch einen Dachboden besitzen. Von Region zu Region war sein Aufbau unterschiedlich. Er war Wohnraum, Arbeitsstelle und Lager. Ihren Abfall warfen die Bewohner einfach aus dem Haus. Das freut besonders die Archäologen, denn so ein großer „Mülleimer“ ist eine wahre Schatzgrube: Steinwerkzeuge und Keramikreste von Schüsseln, Tellern, Bechern und Krügen, Wagenräder, Textilien und sogar Pflanzenreste werden heute noch dort gefunden. In dem schlammigen Erdboden hat sich all das erstaunlich lange und gut gehalten. Die Wissenschaftler können so viel über die Lebensgewohnheiten der Pfahlbautenbewohner vor mehreren Tausend Jahren herausfinden.

In mühsamer Kleinstarbeit haben Archäologen die Keramikscherben, die sie bei den Pfahlbauten fanden, wieder zusammengesetzt – unter anderem zu so einem schönen Krug, von dem du mehrere in den Museen bewundern kannst.

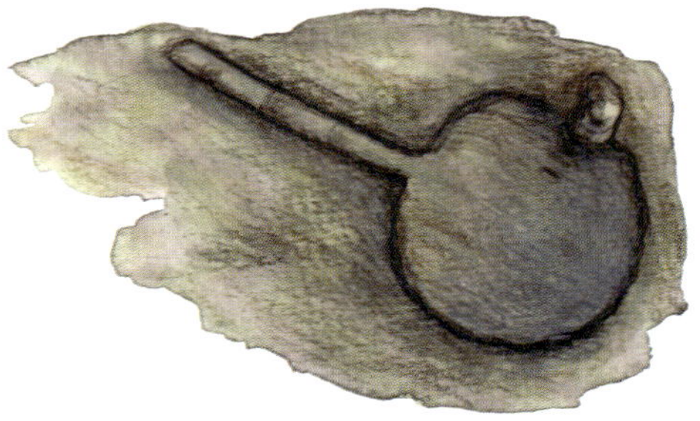

Auch Gegenstände fürs Kochen wurden bei den Ausgrabungen entdeckt, wie diese hölzerne Backschaufel.

Eine Stadt und ihr Wasser

Augsburg ist die älteste Stadt Bayerns und die zweitälteste Stadt Deutschlands nach Trier, und hier hat man eine besondere Beziehung zum Wasser. Vor allem ab dem Mittelalter gewann das Wasser in vielerlei Hinsicht immer mehr an Bedeutung für die dort lebenden Menschen. Trinkwasser, Abwasser, Transportweg, Energieträger – das Wasser und seine enorme Kraft wurden vielfältig eingesetzt. Handwerksbetriebe und Mühlen nutzten es als Antriebsmotor für ihre Maschinen und Mühlenräder. Der Warentransport mittels der Flößerei war für die Kaufleute einfacher, kostengünstiger und ungefährlicher als über die Straßen. Wasser aus dem Lech, einem Nebenfluss der Donau, kühlte im 17. Jahrhundert einen der modernsten Bauten der Fleischerzunft in Augsburg. Selbst bei der Verteidigung der Stadt gegen Feinde half das Wasser, indem die breiten Gräben der Befestigungsanlage geflutet wurden. Auch die großen Industriebetriebe, die sich ab dem 19. Jahrhundert in Augsburg niederließen, kamen wegen des Augsburger Wassers und der Wasserkraft. Dieses faszinierende Erbe ist in der Stadt im bayerischen Schwaben heute noch zu sehen und zu bewundern.
Mittlerweile wird mit dem Wasser, das durch Augsburgs Kanäle fließt, erneuerbare Energie erzeugt.

Das Wasser der Flüsse Lech, Singold und Wertach wird an Wehren, also an Stauanlagen, abgezweigt und in die große Anzahl der Kanäle geleitet. Diese führen das Wasser durch Augsburg und seine Stadtteile hindurch und anschließend wieder zurück in den Fluss, wo es ursprünglich hergekommen ist – ein funktionierender Kreislauf.

Das Flusswasser wurde im Mittelalter für verschiedene Handwerke verwendet. So brauchten die Gerber, die Leder bearbeiteten, und die Schäffler, die Holzfässer herstellten, viel Wasser für ihre Arbeit. Das dafür verwendete Wasser nennt man Brauchwasser. Es ist nicht als Trinkwasser geeignet. Während im Mittelalter darauf andernorts nicht sonderlich geachtet wurde, wurden in Augsburg Trink- und Brauchwasser getrennt. Eine Sensation zu dieser Zeit! Wann und in welchen Kanal Abfälle geworfen werden durfte, war ebenfalls streng geregelt. Das Trinkwasser entnahmen die Augsburger damals dem quellreinen Brunnenbach. Der Bach heißt so, weil sein Wasser auch die städtischen Brunnen speiste.

Das Wasserwerk am Roten Tor mit dem großen und kleinen Wasserturm ist das älteste in Deutschland. Hier kannst du in der Ausstellung die erstaunliche Wassertechnik, die es in Augsburg schon immer gab, bestaunen. Im oberen Brunnenmeisterhaus, das direkt an den kleinen Wasserturm angrenzt, wohnten einst die Brunnenmeister der Stadt.

Das Trinkwasser wurde in die Wassertürme hochgepumpt. Für den Antrieb der Pumpen sorgte wiederum das Flusswasser. Über hölzerne Rohrleitungen verteilte man das Wasser von den Wassertürmen aus in die privaten Häuser und in die Brunnen in der Stadt. Der Große Wasserturm ist der älteste noch bestehende Wasserturm Deutschlands. Sogenannte Brunnenmeister waren für die Instandhaltung des Wasserversorgungssystems und der Brunnenbauten verantwortlich, aber auch für die technische Weiterentwicklung der Augsburger Wasserwirtschaft.

Drei Prachtbrunnen sind in Augsburg zu bewundern. Berühmte Bildhauer gestalteten in der Zeit von 1588 bis 1600 den Augustusbrunnen, den Merkurbrunnen und den Herkulesbrunnen. Der Augustusbrunnen ist der prächtigste von allen. An jeder Ecke dieses Kunstwerkes sitzen vier Flussgötter. Sie stellen die vier wichtigsten fließenden Gewässer dar, die Augsburg heute noch mit Wasser versorgen: Lech, Wertach, Singold und der Brunnenbach. Jeder Flussgott hat einen Gegenstand erhalten, an dem man seine damalige Funktion für Augsburg erkennt: Ruder, Zahnradviertel, Fischernetz und Kanne. Auf der Spitze des Brunnens steht der römische Feldherr und Kaiser Augustus, in dessen Herrschaftszeit Augsburg, genauer gesagt im Jahr 15 v. Chr., gegründet wurde.

Caspar Walter

Dieser Brunnenmeister veröffentlichte 1754 ein wichtiges Handbuch – „Hydraulica Augustana“ – und war verantwortlich für bedeutende Erneuerungen in der Augsburger Wasserwirtschaft.

Wasserwerk am Hochablass

Das Wasserwerk am Hochablass ist heute ein Museum und erzählt dir, ebenso wie das Staatliche Industrie- und Textilmuseum, das MAN-Museum und das Turbinenmuseum, viel Erstaunliches zur Augsburger Wasserwirtschaft und der industriellen Geschichte der Stadt.

Ende des 19. Jahrhunderts tüftelten in Augsburg Ingenieure eine technische Sensation aus. Ein neues Wasserwerk an einem Kanal in der Nähe des Hochablass wurde gebaut. Man stattete es mit einer Technik aus, die keine hohen Wassertürme mehr erforderte. Der benötigte Wasserdruck wurde nun über Druckwindkessel erzeugt: Turbinen trieben Pumpen an, und diese erzeugten in den Kesseln den nötigen Druck, um das Wasser in die Stadt zu leiten. Ganz Europa staunte! Große Fabriken, die Papier, Stoffe und große Maschinen herstellten, siedelten sich am Rande Augsburgs an und verwandelten es in einen reichen Industriestandort. Die Augsburger Fabriken gehörten bald zu den größten im ganzen Land und spielten eine wichtige Rolle für das Wachstum der deutschen Wirtschaft. Heute erzeugen rund 40 kleine Kraftwerke nachhaltigen Strom mit dem Wasser in Augsburgs Kanälen, und die Augsburger passen auch jetzt noch sehr vorbildlich auf ihr kostbares Wasser auf.

Die grüne Insel der Mönche

Weder Kräuter noch Salat, sondern dorniges Gestrüpp und „böses Getier“ empfingen den Wandermönch Pirmin und seine 40 Gefährten, als sie 724 auf der Insel Reichenau im Bodensee landeten. Die Tiere flohen, und die Mönche lichteten das Dickicht. Drei Tage lang soll der See von Würmern überschwemmt gewesen sein – so will es zumindest die Legende. Tatsächlich gründete Pirmin auf der Insel ein Kloster. Nun wurde hier regelmäßig gebetet und viel gearbeitet: in der klösterlichen Schreibstube und auf dem Feld. Rasch vergrößerten sich der Besitz des Klosters und die Zahl der Mönche. Bald gehörte die Insel zu den wichtigsten Klöstern im karolingischen Reich. Die Äbte wurden als Erzieher und Gesandte an den Hof Karls des Großen und Ludwig des Frommen geholt. So wuchs der Einfluss der Insel auf die Politik. Dabei blieb es auch unter den Ottonen im 10. Jahrhundert. Von dieser bedeutenden Zeit erzählen heute noch die drei Kirchen der Insel und die kostbaren Prachthandschriften der berühmten Reichenauer Malschule. Heute lebt die Insel Reichenau vom Gemüse- und Weinanbau.

Hier siehst du die Kirche St. Georg in Reichenau-Oberzell. Im Inneren der Kirche findest du einen echten Schatz. Acht Wandbilder, riesig groß und farbig! Stell dir mal vor, sie sind schon über 1 000 Jahre alt! Es ist die größte Bilderfolge aus dieser frühen Zeit nördlich der Alpen. Sie erzählt aus dem Leben Christi.

Damals waren Klöster die wichtigsten Orte der Bildung. Erst recht, wenn sie so mächtig waren wie die Klosterinsel Reichenau. In der Bibliothek wurde das Wissen gesammelt, im Skriptorium kopiert und Neues hinzugeschrieben. Das Schreiben war allerdings im Mittelalter eine ziemlich mühselige Arbeit: „O wie schwer ist das Schreiben: es trübt die Augen, quetscht die Nieren und bringt zugleich allen Gliedern Qual. Drei Finger schreiben, der ganze Körper leidet“, beklagt ein Unbekannter im 8. Jahrhundert. Die reich bebilderten Reichenauer Prachthandschriften sind aber weltberühmt. Ob Kaiser, König oder Bischof – sie alle bestellten im 10. und 11. Jahrhundert ihre kostbaren Handschriften „auf der Reichenau“.

Hier siehst du eine Pergamentseite aus der Bamberger Apokalypse. Heinrich II. bestellte diese besondere Handschrift auf der Reichenau. Sie erzählt in schillernden Farben vom Ende der Welt. Heute liegt die Handschrift in der Bamberger Staatsbibliothek.

Schöne Kirche auf weiter Flur

Im bayerischen Pfaffenwinkel steht eine Kirche auf freier Wiese. Einfach so? Natürlich nicht. Genau hier war einst ein Wunder geschehen. So erzählt es zumindest die Legende. Alles begann damit, dass man im nahen Kloster Steingaden die Holzfigur eines gegeißelten Christus angefertigt hatte. Die trug man am Karfreitag vor sich her, um die Gläubigen auf das Leiden Christi einzustimmen. Später gelangte das Bildwerk auf den Bauernhof der Familie Lori „in der Wies". Dort beobachtete die Bäuerin Maria am Abend des 14. Juni 1738 wie aus dem hölzernen Auge Tränen liefen. Ein Beweis göttlicher Gnade? Die Kirche blieb vorsichtig und wartete ab, aber das „Tränenwunder" sprach sich rasch herum. Nun kamen Menschen von überall her und vertrauten dem Gnadenbild ihre Sorgen an. Das wirkte tatsächlich Wunder. So entschloss man sich, eine richtig schöne Kirche für das besondere Bildnis zu bauen. Entworfen hat sie der berühmte Baumeister und Stuckateur Dominikus Zimmermann aus Wessobrunn. Seit 1749 steht die Holzfigur in der Wallfahrtskirche zum Gegeißelten Heiland auf der Wies und zieht immer noch Wallfahrer aus aller Welt an.

Die Wieskirche ist nicht nur berühmt für ihre Wallfahrt. Sie gilt auch als berühmteste Rokokokirche der Welt! Rokoko? Das kommt von Rocaille und bedeutet „Muschel-" oder „Grottenwerk". Die Rocaille ist eine Verzierung, die ein bisschen aussieht wie das große C. Sie lässt sich besonders gut aus Stuck formen. Dominikus Zimmermann liebte die heitere Rocaille. An der Wieskirche entdeckt man sie überall. Und manchmal formt sich hier sogar die Wand zur Rocaille.

Schau genau hin: Hier formt sich die Wand zur Rocaille.

Hier findest du das Gnadenbild des Gegeißelten Heilands.

Der Raum der Wieskirche strahlt in feierlichem Weiß und prunkvollem Gold. Jetzt schau mal nach oben! Da sitzt Christus auf dem Regenbogen. Der Himmel ist natürlich nur gemalt, aber täuschend echt. Das war der Maler und Stuckateur Johann Baptist Zimmermann, der ältere Bruder von Dominikus. Die Brüder arbeiteten oft Hand in Hand.

Gefahren für das Welterbe

Unsere Welt verändert sich ständig. Aber das Welterbe soll natürlich erhalten werden! Alle Interessen übereinzubringen, ist manchmal schwierig. Gegen Naturkatastrophen oder Kriege das Welterbe zu schützen, ist eine sehr große Herausforderung. Dafür muss die ganze Welt zusammenhalten! Doch es gibt Gefahren, die wir ohne große Schwierigkeiten und mit wenig Aufwand verhindern können. Dafür ist jeder von uns gefragt, sein Verhalten und das Maß an Achtsamkeit gegenüber unserem Welterbe zu überdenken.

Wir Menschen wollen das Welterbe bestaunen und schützen, aber wir sind selbst auch eine Gefahr. Wenn der Tourismus, also die Menge an Gästen in einer Welterbestätte, zu viel wird, kann das ein Problem werden. So möchten zum Beispiel die Besucher des Wattenmeeres gerne möglichst nah mit dem Schiff an den Sandbänken vorbeifahren, um die niedlichen Seehunde und Kegelrobben zu fotografieren. Störungen dieser Art können aber vor allem für die jungen Tiere lebensgefährlich sein! Andere Menschen nehmen sich in den Kirchen heimlich steinerne Andenken mit oder fotografieren mit Blitzlicht sehr alte Gemälde, die dadurch zerstört werden. Manche Touristen wandern nicht auf den Wegen durch die Landschaft des Mittleren Oberrheins oder der Buchenwälder, sondern quer über die Wiesen beziehungsweise durch das Unterholz und zerstören dabei seltene Pflanzen. Wenn du ein Welterbe besichtigst, sei dir immer bewusst, wie besonders diese Orte sind.

Massen von Touristen besuchen jährlich die deutschen Welterbestätten wie das Schloss Sansscoucci in Potsdam.

Müllvermeidung bedeutet ganz viel Schutz für das Welterbe!

Der Müll ist eine allgemeine Gefahr für unsere Erde – aber auch eine große für die Welterbestätten. Das fängt mit dem Müll im Wattenmeer an, den die Lebewesen dort für Nahrung halten oder in dem sie sich verfangen. Eine ähnliche Gefahr geht für die Tierwelt in den Wäldern und Wiesen aus. Neugierige Fellnasen und Schnäbel verletzen sich an leeren Getränkedosen, falsches Essen landet in den Mägen der Vierbeiner und der Vögel.
Die Grube Messel sollte eigentlich eine Mülldeponie werden, die ersten Vorbereitungen, wie der Schutz gegen eindringendes Grundwasser, waren schon durchgeführt worden. Doch die Bewohner des Ortes Messel wehrten sich gegen die Deponie und siegten. Danach fand man in der Grube die ersten Fossilien! Dank der Schutzmaßnahmen gegen Regen- und Grundwasser – die Pumpen laufen heute noch – wurde aus der Grube Messel kein See, sondern ein Welterbeort!

Wir Menschen brauchen immer mehr Platz, und deshalb wird überall viel Neues gebaut: größere und höhere Häuser, breitere Straßen, mehr Bahngleise, Bürogebäude, riesige Geschäfte. Gerade in den Städten wird es enger, und der Platz knapp und kostbar. Das gefährdet alte Häuser besonders: Sie sind zu klein für das große Geschäft und zu altmodisch oder unbequem für die Bedürfnisse des modernen Menschen. Oft ist es dann einfacher und vor allem günstiger, ein altes Haus abzureißen und durch ein neues zu ersetzen. Durch die Vorgaben der UNESCO werden aber nicht nur einzelne Bauten geschützt, sondern auch ganze Stadtbilder. Schließlich sollen ja auch keine Hochhäuser die Türme des Kölner Doms verdecken! Das ist wichtig, damit unsere Geschichte sichtbar bleibt und die einzigartigen Geschichten unserer Bauwerke weitergegeben werden können: von Großeltern zu Enkelkindern, von Ort zu Ort. Nur so verstehen wir einander, und unser Leben bleibt auch in Zukunft bunt.

Die moderne Baulust stellt eine große Gefahr für unser Welterbe dar.

Die Abgase aus Verkehr, Industrie und unseren Haushalten greifen das Welterbe an.

Täglich verunreinigen die Autos, Fabriken und Heizungen unserer Häuser mit ihren Abgasen die Luft. Darunter leiden nicht nur die Natur und die Menschen, sondern auch unsere Bauwerke. Vielleicht hast du dich schon mal gefragt, warum viele Häuser und Kirchen von außen so schwarz sind? So sieht Luftverschmutzung aus! Denn auf den Oberflächen der Steine sammeln sich der Ruß aus den Schornsteinen, der Gummi-Abrieb von den Autoreifen und die giftigen Chemikalien aus den Fabriken. Der schwarze Belag ist aber nicht nur hässlich, sondern er „frisst" sich auch in den Stein hinein, bis dieser zerfällt. Deshalb brauchen die Bauwerke unsere Hilfe! Sie müssen regelmäßig gereinigt werden. Das führt man mit Wasser- oder Laserstrahlen durch. Deshalb triffst du alte Kirchen und große Schlösser selten ohne ein Gerüst an.

Glossar

A

Abtei: nennt man ein Kloster, das von einem Abt oder einer Äbtissin geleitet wird.

Adel: vornehme Personen mit besonderen Rechten (z. B. Herzöge, Fürsten, Grafen).

Angelsachsen: ist der Sammelbegriff für die germanischen Stämme Angeln und Sachsen, die in der Antike im Gebiet des heutigen Nord-Niedersachsen und Schleswig-Holstein lebten und ab dem 5. Jahrhundert Großbritannien besiedelten.

Antike: meint hier die Zeit der Römer, die von 753 v. Chr. (Gründung der Stadt Rom) bis spätestens 529 n. Chr. dauerte.

Apsis: meint den halbkreisförmigen und gewölbten Ostabschluss einer Kirche.

B

Backsteingotik: siehe Gotik.

Barock: leitet sich von dem portugiesischen „barocco" ab und meint eine unregelmäßig gewachsene Perle. Man bezeichnet so die Kunst und Architektur, die um 1600 in Rom entstand und um 1750 in der Mitte Europas endete. Das Barock brachte Bewegung in die Architektur, Illusion und Vieldeutigkeit in die Malerei.

Basilika: ist eine Halle, die bei den Römern für den Markt, Handelsgeschäfte (Börse), Gerichtsverhandlungen u. a. erbaut und später bei den Christen als Kirche genutzt wurde.

Benediktregel: verfasste der Einsiedler Benedikt von Nursia im 6. Jahrhundert, um das klösterliche Zusammenleben zu regeln (Tagesablauf, Gottesdienst, Versorgung, Verwaltung, Verhalten, Umgang).

Bischof: bekleidet ein hohes Amt in der Kirche und verwaltet das Bistum.

Bistum: nennt man das kirchliche Verwaltungsgebiet eines Bischofs.

Bürger: nennt man im Mittelalter alle „freien" Einwohner einer Stadt. Sie besaßen das Recht der politischen Mitbestimmung und durften zum Beispiel den Rat wählen.

Büste: nennt man das plastische Porträt einer Person, das nur Kopf und Schultern abbildet.

C

Chor: meint im Kirchenbau eigentlich den Raum für die Sänger, im weiteren Sinn den östlich an das Lang- und Querhaus anschließenden Raum für den Altardienst.

D

Deutscher Werkbund: ist eine Vereinigung von Künstlern, Unternehmern und Handwerkern, den diese 1907 gründeten, um gemeinsam das gute Ansehen der gewerblichen Arbeit (z. B. den Hausbau oder die Herstellung von Geräten und Möbeln) zu fördern.

Deutsches Kaiserreich: bezeichnet die Epoche in der Zeit zwischen 1871 und 1918.

Dielenhaus

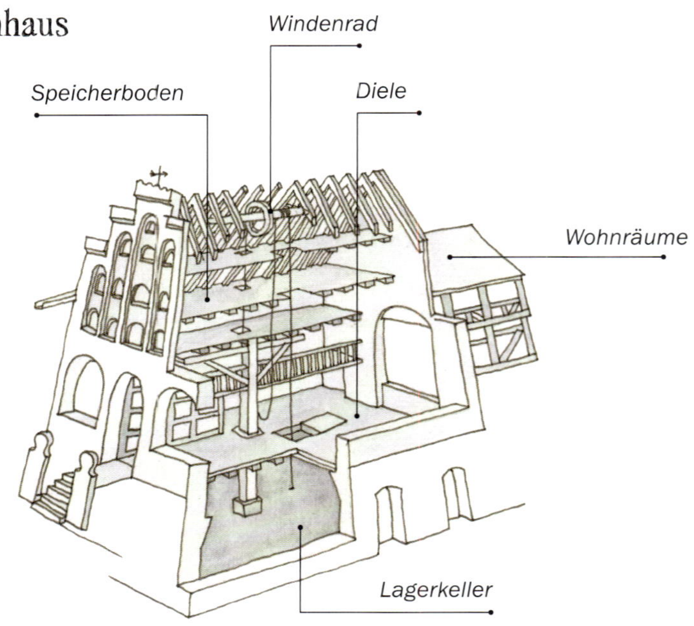

Dom: leitet sich von dem lateinischen „domus" ab und meint eigentlich das Haus, hier das Haus Gottes. Genau wie die Kathedrale ist der Dom die Kirche des Bischofs.

Domherren: unterstützen den Bischof bei seiner Arbeit. Sie sind nach mittelalterlicher Tradition für den Gottesdienst zuständig.

Dreißigjähriger Krieg: ist ein Krieg, der von 1618 bis 1648 dauerte, zwischen der Katholischen Liga (katholische Fürsten und Herzöge) und der Protestantischen Union (Zusammenschluss protestantischer Fürsten und Städte) entbrannte und schließlich zum Machtkampf mehrerer Mächte in Europa wurde, aber vorwiegend in „Deutschland" ausgetragen wurde. Der Kaiser versuchte zu vermitteln, stand aber eher auf der Seite der Katholischen Liga.

E

Eiszeit: nennt man Zeiten, in denen es viel kälter auf der Erde war als heute. Die Gletscher auf den Bergen waren dann wesentlich größer und die Pole mit viel mehr Eis bedeckt. Die letzte große Eiszeit endete vor etwa 10 000 Jahren.

Erster Weltkrieg: ist ein Krieg, der von 1914 bis 1918 dauerte und sich über die ganze Welt ausbreitete; Auslöser waren die Ermordung des Thronfolgers des Königshauses Österreich-Ungarn durch ein Mitglied der serbisch-nationalistischen Bewegung in Sarajewo (damals Provinz Bosnien) und die anschließende Kriegserklärung Österreichs an Serbien.

F

Fassade: ist die Eingangs- oder Schauseite eines Bauwerks.

Flotte: nennt man eine größere Anzahl von Schiffen.

Fresko: bezeichnet das auf den frischen Putz aufgebrachte Wand- oder Deckenbild.

Fürst: gehört zur vornehmen Schicht des Adels.

G

Gallier/gallisch: nannten die Römer die Kelten – ein Volk, dessen einzelne Gruppen damals in Italien, Spanien, auf dem Balkan, in Kleinasien und in Frankreich lebten.

Garnisonsstadt: nannte man eine Stadt, die mit militärischen Dienststellen und Einrichtungen wie Kasernen, Exerzierplatz (Versammlungsplatz) bzw. Paradeplatz ausgestattet war. Heute ist der Begriff „Bundeswehrstandort" üblich.

Germanen: ist der Oberbegriff für ein Volk, dessen einzelne Gruppen zur Zeit der Römer in Südskandinavien und Mitteleuropa, also auch im Gebiet des heutigen Deutschlands, lebten.

Gewölbe: nennt man die gewölbte und gemauerte Decke, die sich über einen Raum spannt. Besonders in der Gotik wurden viele neue Gewölbeformen erfunden.

Gichtbühne: ist eine Arbeitsbühne in Höhe der Gicht, der obersten Öffnung des Hochofens.

Gnadenbild: ist das gemalte oder plastische Bild eines Heiligen, dem göttliche Wirkkraft zugesprochen wird. Gnadenbilder sind oft Ziel von Pilger- oder Wallfahrten.

Gotik: meint die Kunst und Architektur, die in der Zeit zwischen dem 12. und 15. Jahrhundert entstanden ist. Ihren künstlerischen Höhepunkt fand sie in der Kathedralbaukunst. In diese Zeit fällt auch die Backsteingotik, so benannt nach ihrem Baumaterial, dem Backstein.

Grablege: bezeichnet den Platz (oft in einer Kirche), an dem sich die Gräber mehrerer Mitglieder einer vornehmen Familie sammeln oder von Personen, die ein hohes Amtes innehatten (Kaiser, König, Bischof).

Großer Nordischer Krieg: ist ein Krieg, der von 1700 bis 1721 dauerte und in dem es um die Vorherrschaft im Ostseeraum ging.

H

Hanse: leitet sich aus dem althochdeutschen „hansa" ab und meint „Schar" oder „Gefolge". Am Anfang waren es einzelne Kaufleute, später ganze Städte, die sich dem Bund der Hanse anschlossen. Ab 1356 kamen die Abgesandten auf den sogenannten Hansetagen zusammen, um über Verträge, Vorschriften, Verstöße, Rechte und Mitglieder zu beraten. Zum letzten Mal traf sich der Hansetag im Jahr 1669.

Heiliges Römisches Reich: darunter versteht man das mitten in Europa gelegene Herrschaftsgebiet der römisch-deutschen Kaiser und Könige. Es existierte vom Mittelalter bis zum Jahr 1806.

Herzog: der „vor dem Heer zog", höchster Adeliger nach dem König.

Hof: damit ist sowohl das Gefolge eines Herrschers gemeint, als auch die dazugehörige Architektur.

Hoftag: bezeichnet die Versammlung des römisch-deutschen Königs oder Kaisers u. a. mit seinen Herzögen, ausgewählten Adeligen und kirchlichen Würdenträgern, um wichtige Entscheidungen zu treffen.

Hütte: meint hier eine Verarbeitungsstätte, in der Metall, wie zum Beispiel Silber, aus Erz gewonnen wird. Den Vorgang nennt man „verhütten": Aufbereitung und Schmelzen des Erzes.

I

Industrialisierung, industrielle Revolution: nennt man die Entwicklung und Ausbreitung der Industrie durch die Erfindung von Maschinen. Sie nahm ihren Ausgang in England im 18. Jahrhundert und erreichte zu Beginn des 19. Jahrhunderts auch Deutschland.

K

Kaiser: leitet sich von dem römischen Herrschertitel „Caesar“ ab und bezeichnet den höchsten weltlichen Herrscher. In der Nachfolge von Karl dem Großen, der 800 vom Papst zum ersten westeuropäischen Kaiser seit der Antike gekrönt worden war, wurden die Kaiser bis ins Spätmittelalter hinein vom Papst gekrönt.

Kapitell: bildet den oberen Abschluss eines Pfeilers, einer Säule oder eines Pilasters.

Kathedrale: leitet sich von dem lat. „cathedra“ ab und meint den Sitz des Bischofs – wird in derselben Bedeutung wie Dom verwendet.

Klassizismus: ist der Name für die Epoche in der Kunst und Architektur zwischen 1770 und 1840. Sie löste den Barock und das Rokoko ab und bezog sich wieder auf die strenge Formensprache der Antike.

Klausur: ist der abgeschlossene Teil im Kloster, der nur den Mönchen vorbehalten ist.

Kloster: leitet sich von dem lateinischen „claustrum“ (verschlossen) ab. Gemeint ist hier die gebaute und bewirtschaftete Anlage, in der Mönche oder Nonnen unter festen Regeln ein gemeinschaftliches Leben im Dienst von Gott führen. Das Kloster besteht aus verschiedenen Wohn- und Wirtschaftsgebäuden, sein religiöses Zentrum bilden Kreuzgang und Kirche. Beides ist nur den Mönchen oder Nonnen zugänglich (siehe auch: Benediktregel).

König: ist ein Alleinherrscher. Im frühen Mittelalter wurde der König von der adeligen Schicht gewählt bzw. als Erbe bestätigt, später wählten die Kurfürsten den König (siehe auch: Kurfürsten).

Kohlenstoffdioxid (CO_2): ist ein Gas aus Sauerstoff (O) und Kohlenstoff (C). Wir atmen Sauerstoff ein und Kohlenstoffdioxid wieder aus. Pflanzen hingegen nehmen tagsüber CO_2 auf und geben Sauerstoff ab.

Koks: meint hier einen kohlenstoffreichen Brennstoff, der mittels Hitze aus Erdöl, Stein- oder Braunkohle gewonnen wird.

Konservierungsprozess: nennt man den Vorgang, bei dem durch Hilfsmittel oder dem Entzug von Sauerstoff ein totes Lebewesen oder Nahrung lange haltbar gemacht wird.

Krypta: ist ein Gebets- oder Grabraum unter der Kirche, meist unter dem Chor.

Kuppel: bezeichnet eine runde Gewölbeform, meist in Form einer Halbkugel.

Kurfürsten: meint im Heiligen Römischen Reich die meist sieben Kurfürsten geistlicher und weltlicher Herkunft, die den König „kürten“ – wählten.

L

Langhaus: meint den Bau der Kirche in seiner vollen Breite und Länge bis zum Querhaus oder Chorraum.

Laubengang: nennt man einen überdachten, frei liegenden Gang pro Hausetage, von dem aus man in die Wohnungen kommt.

Legende: ist eine fromme Erzählung.

Loreley: ist der Name eines Felsens am Rhein bei Sankt Goarshausen sowie der Titel einer Sage und der Name eines schönen Mädchens, das darin die Hauptrolle spielt.

M

Mäzen: ist eine Person, die mit viel Geld Personen oder Aktionen im Bereich Kunst, Kultur, Sozialwesen oder Sport unterstützt.

Missionierung: ist der Auftrag, Nicht- oder Andersgläubige zu einer Religion zu bekehren.

Mittelalter: beschreibt in der europäischen Kunst und Geschichte die Zeit zwischen 500 und 1500.

Mittelschiff: ist das zentrale Schiff einer Kirche, das mit Bögen von den schmaleren Seitenschiffen getrennt wird.

Mönch: leitet sich von dem griechischen „monachos“ ab und meint den „Alleinlebenden“. Der Mönch hat sein

Leben in den Dienst Gottes gestellt (siehe auch: Benediktregel und Kloster).

Montanindustrie: nennt man die Industrie, die den Bergbau und das Hüttenwesen umfasst.

N

Napoleonische Kriege: nennt man die Kriege von 1800 bis 1814, die Preußen, Österreich, Russland, Großbritannien sowie weitere europäische Mächte und auch das Osmanische Reich in unterschiedlichen Bündnissen gegen den Feldherrn und späteren französischen Kaiser Napoleon Bonaparte führten.

O

Ölschiefer: nennt man geschichtete Gesteine, die Kerogen (eine Vorstufe von Erdöl) enthalten.

Oper: ist ein musikalisches Theaterstück mit Gesang, Orchester und dramatischer Handlung.

P

Pfalz: nennt man die Bauten, die der im Mittelalter umherreisende Herrscher vorübergehend bewohnte, um seine Regierungsgeschäfte zu erledigen.

Pilaster: ist ein flach auf der Wand liegender Pfeiler mit Kapitell und Basis.

Preußen: hieß einst ein Land an der Ostsee zwischen Pommern, Polen und Litauen, das vom Spätmittelalter bis zum Ende des Zweiten Weltkriegs existierte; das Königreich Preußen (1701 – 1918, dann „Freistaat Preußen") umfasste ab dem 18. Jh. als europäische Großmacht auch noch einen großen Teil des heutigen Deutschlands nördlich des Mains.

Q

Querhaus: kreuzt das Langhaus, liegt meist direkt vor dem Chor und bildet die Vierung aus (siehe auch Vierung).

R

Rat: Im Laufe des Mittelalters machten sich die Bürger nach und nach unabhängig vom Stadtherrn und richteten einen sogenannten Rat ein. Er regierte die Stadt.

Reformation: bezeichnet die von Martin Luther Anfang des 16. Jahrhunderts ausgelöste Bewegung zur Erneuerung der katholischen Kirche, die schließlich zur Spaltung in eine katholische und evangelische Kirche führte (siehe auch: Dreißigjähriger Krieg).

Regentschaft: ist ein anderes Wort für „Ausüben einer Herrschaft".

Reich: bezeichnet ein bestimmtes Herrschaftsgebiet (siehe auch: Heiliges Römisches Reich und Kaiserreich).

Reliquie: bezeichnet die Überbleibsel eines Heiligen mit wundertätiger Wirkung. Dabei geht es entweder um Teile seines Körpers, die Knochen, oder um Gegenstände seines Lebens, beispielsweise die Kleider. Man wickelte die Reliquien in kostbare Tücher ein und legte sie in eine prachtvolle Truhe, den sogenannten Reliquienschrein.

Residenz: ist der Regierungssitz eines weltlichen oder geistlichen Herrschers.

Rokoko: leitet sich von Rocaille ab, das ist eine C-förmige Schmuckform und meint die Kunst, die gegen Ende des Barock, ab ca. 1720 entstand. Sie ist vorwiegend eine Kunst zur plastischen Gestaltung von Flächen.

Romanik – nennt man einen Architektur-Stil im Mittelalter, der etwa von 950 bis 1150 dauerte. Ihm folgte die Gotik. Merkmale: ursprünglich römische Architektur-Elemente wie Rundbogen, Pfeiler, Säule und Gewölbe.

Romantik: meint hier einen Zeitabschnitt (Ende des 18. Jahrhunderts bis Anfang des 20. Jahrhunderts), als vor allem in der Kunst, Literatur und Musik die Natur, die Verklärung des Mittelalters (Ritter, Burgen) und Traumwelten eine große Rolle spielten.

Römer: sind hier die Bürger des Römischen Reiches in der Antike.

Rosenwunder: bezieht sich auf die wunderbare Verwandlung von Brot in Rosen. Solches soll der mildtätigen Landgräfin Elisabeth von Thüringen widerfahren sein, als sie heimlich Brot in einem Korb zu den Armen bringen wollte und dabei ertappt wurde.

S

Säule: ist in der Architektur die runde Stütze mit Basis, Schaft und Kapitell.

Schichtmeister: ist hier der Bergbeamte, der Rechnungsführer des Bergwerks war und die Aufsicht über alle in Schichten arbeitenden Bergleute hatte.

Schlick: nennt man den am Boden von Gewässern (z. B. Wattenmeer) abgelagerten bzw. angeschwemmten Schlamm.

Schmuggel: nennt man die verbotene Mitnahme von Gütern über eine Grenze.

Slawen: verschiedene Völker, die im frühen Mittelalter aus Osteuropa in Richtung Westen wanderten.

Stahlkrise: nennt man die Zeiten, in denen die Stahlindustrie in Europa mit schweren wirtschaftlichen Problemen aufgrund von Überproduktion und internationaler Konkurrenz zu kämpfen hatte.

Stift, Frauenstift: ist etwas Ähnliches wie ein Kloster.

Stiftung: ist eine Spende oder ein Geschenk für einen bestimmten Zweck. Im Mittelalter war das Stiften eine viel geübte religiöse Praxis: Kleider und Speisen für die Armen, Kerzen, Kelche, Kunstwerke für die Kirche, Geld für ihren Bau oder das Lesen von Messen. Eine Stiftung galt als gute Tat und diente so der Reinigung der Seele.

Stuck: ein leicht formbares Gemisch aus Wasser, Gips, Kalk und Sand, das schnell hart wird und zur plastischen Gestaltung von Decken und Wänden dient.

Synagoge: ist der Raum, in dem sich die jüdische Gemeinde versammelt. Hier wird die Tora verwahrt, die aus den fünf Büchern Mose besteht und Teil der hebräischen Bibel ist.

T

Textilfabrik: ist eine Fabrik, die Stoffe für Kleidung, Zelte, Planen und Ähnliches herstellt.

Trutzig: beschreibt eine wehrhafte, gut befestigte Architektur.

Tuberkulose: ist eine sehr ansteckende Krankheit, hervorgerufen durch Bakterien, die meist die Lunge befallen.

Turbine: ist eine sich drehende Strömungsmaschine.

U

Umschlagplatz, Umschlaghafen: nennt man einen Platz, an dem Waren für den Weitertransport auf ein anderes Transportmittel „umgeschlagen" werden, also vom Schiff auf ein Fuhrwerk oder umgekehrt.

V

Verpfänden: bedeutet, jemandem eine Sache als Sicherheit (Pfand) zu geben und sich dafür Geld zu leihen. Wenn man das Geld zurückzahlt, bekommt man das Pfand wieder.

Vierung: beschreibt in der Kirche den Raum, an dem sich Lang- und Querhaus kreuzen. Oft wird die Vierung mit einer Kuppel überwölbt und einem Turm überhöht.

Vitriole: nennt man kristallwasserhaltige Sulfate (Salze der Schwefelsäure) von Metallen wie Kupfer, Zink und Eisen. Kupfer-Vitriol/Sulfat ist blau, Zink-Vitriol/Sulfat ist weiß und Eisen-Vitriol/Sulfat ist grün.

Vitus: Der heilige Vitus vollbrachte viele Wunder und starb für seinen christlichen Glauben. Deshalb zählt er zu den christlichen Märtyrern. Er gehört auch zu den vierzehn Nothelfern.

W

Wallfahrt: nennt man die Reise zu einem Ort, der als besonders heilig gilt (siehe auch Gnadenbild).

Weihe: bezeichnet die feierliche Zeremonie, mit der ein neuer oder umfangreich renovierter Kirchenbau für den Gottesdienst eingeweiht wird.

Werft: ist ein Betrieb für den Bau und die Reparatur von Schiffen und Booten.

Wikingerzeit: meint hier die Zeit, in der die Wikinger in Nordeuropa lebten und siedelten.

Z

Zeche: heißt der Zusammenschluss mehrerer Personen zum Betreiben eines Bergwerks.

Zoll: ist eine Abgabe an einer Grenze für Ware, die in ein anderes Land/Gebiet gebracht und dort verkauft wird.

Zunft: nennt man den Zusammenschluss von Handwerkern eines Gewerbes (z. B. der Bäcker oder Zimmermänner) oder von Kaufleuten zur gegenseitigen Unterstützung.

Zweiter Weltkrieg: ist ein Krieg, der von 1939 bis 1945 dauerte, durch einen Angriff Deutschlands auf Polen begann und sich über die ganze Welt ausbreitete.

Wir sagen „Danke“!

Dieses Projekt ist in außergewöhnlichen Zeiten entstanden, wurde von vielen Schultern getragen und ist das Ergebnis einer ganz besonderen Zusammenarbeit. Wir möchten uns herzlich bedanken bei der Deutschen UNESCO-Kommission sowie allen Mitarbeiterinnen und Mitarbeitern der Welterbestätten für den Austausch und die Bildmaterialien, bei unseren Interviewpartnerinnen und -partnern für Rede und Antwort und bei allen anderen, die uns mit Rat und Tat hilfreich zur Seite gestanden haben. Dabei geht unser ganz persönlicher Dank an:

Patricia Alberth, Eva Albrecht, Regina Cosenza Arango, Katharina Arnold, Alexander Bachhaus, Brigitte Bardenheuer, Katharina Bautz, Annette Beckert, Steffi Behrendt, Maike Bialek, Hermann Bieber, Steve Boedecker, Jessica Buchwald, Natascha Callebaut, Svenja Drescher, Claudia Eckstein, Stephanie Eißing, Dr. Thomas Eißing, Christian Fessel, Veronika Fischer, Ute Florl, Dr. Marie-Luise Frey, Peter Füssenich, Nadine Gebauer, Sophie Geisler, Ralf Glockemeier, Claudia Götz, Dr. Johannes Großewinkelmann, Dr. Markus Gschwind, Mirko Gutjahr, Dr. Anja Guttenberger, Dr. Hubertus Habel, Antonia Hager, Sabine Hagmann, Susanne Hauer, Familie Haufe Petereit, Dr. Stefanie Heinlein, Erika Hofmann, Prof. Dr. Claudia Höhl, Norbert Huschner, Michaela Jehle, Katrin Kaltschmidt, Dr. Steffen Kaudelka, Jutta Koop, Christine Koretzky, Uta Kühne, Dr. Ralf Lange, Hanna Lohmann, Dr. Karl-Uwe Mahler, Helmut Maintz, Eva Malz, Dr. Suzana Matešić, Alexander Matzka, Hans-Herbert Miehe, Petra Mohr, Dr. Kai Mückenberger, Ulrich Müllegger, Daniela Mynett, Heike Niemann, Jocelyne Pallu, Ramona Pietsch, Matthias Ripp, Andreas Schaflitzl, Dr. Jennifer Schamper, Diana Schelhaas, Dr. Dirk Schleinert, Günter Schuchardt, Benjamin Schürch, Claudia Schwarz, Seerobbenmädchen Swantje, Achim Selk, Team des Informationspunktes UNESCO Weltnaturerbeteilgebiet Buchenwald Grumsin, Friederike Walter, Karl Wehrle, Dr. Alexander Wiesneth, Christine Winkler

Großer Dank geht auch an den Verlag, der dieses Buchprojekt ermöglicht hat, insbesondere an Natalie Wollersheim und Carolin Glaser sowie an Christian Keller, Christine Lederer und Laura Oestermann.

Anna Elisabeth Albrecht und Susanne Rebscher

Bildnachweis

S. 2 © Anna Elisabeth Albrecht
S. 3 © Danetzki
S. 25 © Familie Haufe Petereit
S. 27 © der Originalillustration: Iris Buchholz; erschienen in: Anna Skriver/Hilde Claussen, Die Klosterkirche Corvey: *Wandmalerei und Stuck aus Karolingischer Zeit*. Denkmalpflege und Forschung in Westfalen Bd. 43.2 (2007) S. 91, Abb. 89
S. 38 © ChristianFessel.de
S. 39 links © Stadt Bamberg/Jürgen Schraudner
S. 39 rechts © Fotografie Linus Lintner
S. 58 © Anna Elisabeth Albrecht
S. 59 oben © Anna Elisabeth Albrecht
S. 59 unten © Hohe Domkirche Köln, Dombauhütte; Foto: Jennifer Rumbach
S. 63 unten © der Originalfotografie: F.L.C./VG Bild-Kunst, Bonn 2020
S. 72 oben © Leo Seidel/SPSG
S. 72 unten © wikimedia/Thue
S. 73 oben © Anna Elisabeth Albrecht
S. 73 unten links © wikimedia/Thomas Netsch
S. 73 unten rechts © shutterstock/Michael von Aichberger

Natürlich magellan©

Hergestellt in Deutschland
Gedruckt auf FSC®-zertifiziertem Papier
Farben auf Pflanzenölbasis
Lösungsmittelfreier Klebstoff
Drucklack auf Wasserbasis

1. Auflage 2021
© 2021 Magellan GmbH & Co. KG, Laubanger 8, 96052 Bamberg
Alle Rechte vorbehalten.
Texte: Anna Elisabeth Albrecht, Susanne Rebscher
Illustrationen: Anne Ibelings
Umschlaggestaltung: Christian Keller unter der Verwendung einer Illustration von Anne Ibelings
Druck: Westermann Druck, Zwickau
ISBN 978-3-7348-6011-9

www.magellanverlag.de